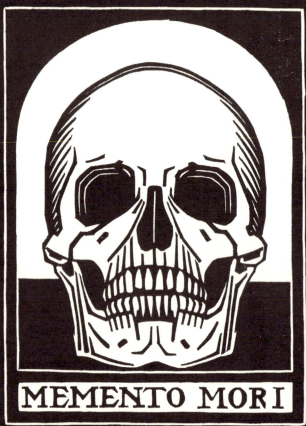

*Para os futuros cadáveres
de todas as idades*

DARKLOVE.

Copyright © 2019 by Caitlin Doughty
Todos os direitos reservados. Publicado mediante acordo com W.W. Norton & Company, Inc.

Tradução para a língua portuguesa
©Regiane Winarski, 2020

Diretor Editorial
Christiano Menezes

Diretor Comercial
Chico de Assis

Gerente Comercial
Giselle Leitão

Gerente de Marketing Digital
Mike Ribera

Editoras
Marcia Heloisa
Raquel Moritz

Editora Assistente
Nilsen Silva

Capa e projeto gráfico
Retina 78

Ilustrações
©Julie de Graag

Coordenador de Arte
Arthur Moraes

Designers Assistentes
Aline Martins/Sem Serifa
Sergio Chaves

Finalização
Sandro Tagliamento

Revisão
Aline T.K. Miguel
Cecília Floresta
Solaine Chioro

Impressão e acabamento
Gráfica Geográfica

DADOS INTERNACIONAIS DE CATALOGAÇÃO NA PUBLICAÇÃO (CIP)
Angélica Ilacqua CRB-8/7057

Doughty, Caitlin
  Verdades do Além-Túmulo / Caitlin Doughty ; tradução de Regiane Winarski. — Rio de Janeiro : DarkSide Books, 2020.
  224 p. : il.

  ISBN: 978-65-5598-023-3
  Título original: Will My Cat Eat My Eyeballs?

  1. Agentes funerários e funerárias 2. Ritos e cerimônias fúnebres 3. Morte 4. Crônicas norte-americanas I. Título II. Winarski, Regiane

20-3487   CDD 393

Índices para catálogo sistemático:

  1. Ritos e cerimônias fúnebres

[2020]
Todos os direitos desta edição reservados à
DarkSide® *Entretenimento LTDA.*
Rua Alcântara Machado, 36, sala 601, Centro
20081-010 — Rio de Janeiro — RJ — Brasil
www.darksidebooks.com

CAITLIN DOUGHTY

VERDADES DO ALÉM-TÚMULO

Tradução
Regiane Winarski

DARKSIDE

VERDADES DO ALÉM-TÚMULO
SUMÁRIO

11. Antes de começar
17. Quando eu morrer, meu gato vai comer meus olhos?
21. O que aconteceria com o corpo de um astronauta no espaço?
29. Posso ficar com o crânio dos meus pais depois que eles morrerem?
35. Meu corpo vai se sentar ou falar sozinho depois que eu morrer?
39. Enterramos meu cachorro no quintal. O que aconteceria se o desenterrássemos agora?
43. Posso preservar meu cadáver em âmbar, como um inseto pré-histórico?
49. Por que mudamos de cor quando morremos?
55. Como um adulto inteiro cabe numa caixinha depois da cremação?
61. Vou fazer cocô quando morrer?
65. Gêmeos xifópagos sempre morrem ao mesmo tempo?
71. Se eu morresse fazendo careta, minha cara ficaria assim para sempre?
77. Podemos fazer um funeral viking para a vovó?
83. Por que os animais não cavam todos os túmulos?
89. O que aconteceria se alguém engolisse um saco de milho de pipoca antes de morrer e fosse cremado?
95. Quando uma casa está sendo vendida, o dono tem que contar ao comprador se alguém morreu lá?
101. E se cometerem um erro e me enterrarem quando eu estiver só em coma?
107. O que aconteceria se alguém morresse num avião?
113. Os corpos no cemitério deixam a água que bebemos com gosto ruim?

119. Fui à exposição em que cadáveres sem pele jogam futebol. Podemos fazer isso com o meu corpo?

125. Se alguém estiver comendo alguma coisa quando morrer, o corpo vai digerir essa comida?

129. Todo mundo cabe num caixão? E se a pessoa for muito alta?

135. É possível doar sangue depois de morrer?

141. Nós comemos galinhas mortas. Por que não comemos pessoas mortas?

147. O que acontece quando um cemitério fica cheio de corpos e não cabe mais nenhum?

153. É verdade que as pessoas veem uma luz branca quando estão morrendo?

157. Por que os insetos não comem os ossos das pessoas?

163. O que acontece quando queremos enterrar uma pessoa, mas o solo está congelado?

169. Você pode descrever o cheiro de um cadáver?

175. O que acontece com soldados que morrem longe, em batalha, ou cujos corpos nunca são encontrados?

181. Posso ser enterrado no mesmo túmulo que meu hamster?

187. Meu cabelo vai continuar crescendo no meu caixão depois do meu enterro?

191. Posso usar ossos humanos de uma cremação como acessório?

197. As múmias fediam quando foram embrulhadas?

203. No velório da minha avó, havia um plástico embrulhado nela debaixo da blusa. Por que fariam isso?

209. Rapidinhas sobre a morte!

213. Uma especialista responde: Isso é normal numa criança?

Antes de começar

VERDADES DO ALÉM-TÚMULO
Caitlin Doughty

Ah, oi. Sou eu, a Caitlin. Você sabe, a agente funerária da internet. Ou a especialista em morte da NPR. Ou a tia esquisita que deu pra você uma caixa de Froot Loops e uma foto emoldurada do Prince no seu aniversário. Sou muitas coisas para muita gente.

O que tem neste livro?

É bem simples. Juntei algumas das perguntas mais peculiares e encantadoras que me fizeram sobre morte e as respondi. Não é nada fora deste mundo, meus amigos!

(Observação: algumas coisas, na verdade, são sim fora deste mundo. Ver "O que aconteceria com o corpo de um astronauta no espaço?")

Por que as pessoas fazem tantas perguntas sobre morte?

Bom, como ia dizendo, sou agente funerária e estou disposta a responder perguntas estranhas. Já trabalhei num crematório, aprendi a embalsamar na faculdade, viajei pelo mundo para pesquisar costumes relacionados à morte e abri uma funerária. Além do mais, sou obcecada por cadáveres. Mas não de um jeito mórbido (gargalhadas nervosas).

Também já dei palestras por todos os Estados Unidos, no Canadá, na Europa, na Austrália e na Nova Zelândia sobre as maravilhas da morte. Minha parte favorita desses eventos é o momento de perguntas e respostas. É quando ouço sobre o fascínio profundo que as pessoas têm por corpos em decomposição, ferimentos na cabeça, embalsamamento, piras funerárias... essas coisas.

Todas as perguntas sobre morte são boas perguntas, mas as mais diretas e mais instigantes vêm das crianças. (Pais: prestem atenção.) Antes de começar a falar sobre morte, eu imaginava que as crianças teriam questionamentos inocentes, virtuosos e puros.

Rá! Não.

As pessoas mais novas eram mais corajosas e muitas vezes mais perceptivas do que os adultos. E não tinham problema com entranhas e nojeiras. Elas tinham curiosidade sobre a alma do papagaio morto, mas queriam mesmo saber a velocidade com que o papagaio estava apodrecendo na caixa de sapatos embaixo da árvore.

É por isso que todas as perguntas deste livro vêm de crianças cem por cento éticas, criadas livremente e orgânicas.

Não é meio mórbido?

A questão é a seguinte: ter curiosidade sobre a morte é normal. Mas, conforme as pessoas crescem, internalizam essa ideia de que querer saber da morte é "mórbido" ou "estranho". Ficam com medo e criticam o interesse dos outros no assunto para não precisar enfrentar a morte.

Isso é um problema. A maioria das pessoas na nossa cultura não sabe nada sobre a morte, o que as deixa com mais medo ainda. Se você souber o que tem num frasco de fluido para embalsamar, ou o que o legista faz, ou a definição de catacumba, você já vai saber mais do que a maioria dos outros mortais.

Sendo justa, a morte é difícil! Nós amamos uma pessoa, daí ela vai e morre. Às vezes, a morte pode ser violenta, repentina e insuportavelmente triste. Mas também é realidade, e a realidade não muda só porque você não gosta dela.

Não podemos fazer a morte ficar divertida, mas podemos fazer o aprendizado sobre ela ser divertido. A morte é ciência e história, arte e literatura. Faz pontes entre todas as culturas e une toda a humanidade!

Muitas pessoas, inclusive eu, acreditam que podemos controlar parte dos nossos medos abraçando a morte, aprendendo sobre ela e fazendo o máximo de perguntas possível.

Nesse caso, quando eu morrer, meu gato vai comer meus olhos?

Ótima pergunta. Vamos começar.

Quando eu morrer, meu gato vai comer meus olhos?

VERDADES DO ALÉM-TÚMULO
Caitlin Doughty

Não, seu gato não vai comer seus olhos. Ao menos, não imediatamente.

Não se preocupe, o Snickers McMuffin não está ganhando tempo, olhando com cara feia para você de trás do sofá, esperando seu último suspiro para gritar: "Espartanos! Hoje, jantamos no inferno!".

Durante horas e até dias depois da sua morte, Snickers vai esperar que você se levante e encha a tigela dele normalmente, com a comida de costume. Ele não vai partir para cima de carne humana. Mas um gato tem que comer, e você é a pessoa que o alimenta. Esse é o pacto entre gatos e humanos. A morte não libera você de executar suas obrigações contratuais. Se você tiver um ataque cardíaco na sala e ninguém der falta até seu encontro para tomar um café com a Sheila na quinta, um Snickers McMuffin faminto e impaciente pode abandonar a tigela de comida vazia para dar uma olhada no que seu cadáver tem a oferecer.

Os gatos tendem a consumir as partes humanas que são macias e estão expostas, como o rosto e o pescoço, com foco especial na boca e no nariz. Não descarte umas mordidas nos olhos — porém é mais provável que Snickers prefira as opções mais macias e de acesso mais fácil. Pense: pálpebras, lábios ou língua.

"Por que meu amado faria isso?", você pergunta. Vamos lembrar que, por mais que você ame seu felino domesticado, o danadinho é um assassino oportunista que compartilha 95,6 por cento do DNA dos leões. Os gatos (só nos Estados Unidos) matam até 3,7 bilhões de aves todos os anos. Se você contar outros mamíferos pequenos e fofos como ratos, coelhos e ratazanas, o número de mortes pode subir para 20 bilhões. É um massacre abjeto — um banho de sangue de adoráveis criaturas da floresta executado pelos nossos lordes felinos. Mr. Cuddlesworth é um amorzinho, você disse? "Ele vê televisão comigo!" Não, senhora. Mr. Cuddlesworth é um predador.

A boa notícia (para o seu cadáver) é que alguns animais de estimação com reputação escorregadia e sinistra talvez não tenham a capacidade (ou interesse) de comer seus donos. Cobras e lagartos, por exemplo, não comerão seu cadáver — a não ser que você por acaso tenha um dragão-de-komodo adulto em casa.

Mas esse é o fim da boa notícia. Seu cachorro não vai pensar duas vezes. "Ah, não!", você diz. "Não o melhor amigo do homem!" Ah, sim. Fifi Fluff vai atacar seu cadáver sem remorso. Há casos em que especialistas forenses desconfiam que houve um assassinato violento para depois descobrir que os danos foram causados pela srta. Fluff, que atacou o cadáver depois de um tempo.

Mas pode ser que seu cachorro não dê mordidas no seu corpo por estar morrendo de fome. É mais provável que a Fifi esteja tentando acordar você. Aconteceu alguma coisa com o ser humano dela. Ela deve estar ansiosa e tensa. Nessa situação, um cachorro pode dar mordidinhas nos lábios do dono, da mesma forma que você rói as unhas ou atualiza o feed das redes sociais. Nós todos temos nossas válvulas de escape da ansiedade!

Um caso muito triste envolveu uma mulher na casa dos 40 anos que era conhecida por ser alcoólatra. Era comum, quando ela estava embriagada e inconsciente, que seu setter irlandês lambesse seu rosto e mordesse suas pernas para tentar despertá-la. O setter tentou acordar a humana repetidas vezes, com mais e mais força, mas não conseguiu.

Os estudos forenses — sabia que "veterinária forense" existe? — costumam se concentrar nos padrões de destruição dos cachorros grandes: por exemplo, o pastor alemão que arrancou os dois olhos do dono, ou a husky que comeu os dedos dos pés do dono. Mas o tamanho do cachorro não importa quando a questão é mutilação após a morte. Veja a história do chihuahua Rumpelstiltskin. O novo dono postou uma foto dele em um fórum na internet para exibi-lo e acrescentou uma "informação bônus": "como o [antigo] dono morreu e ninguém reparou por um bom tempo, ele comeu seu humano para permanecer vivo". Rumpelstiltskin me parece um pequeno sobrevivente bem ousado.

Por algum motivo, saber que um cachorro age assim porque fica ansioso e angustiado faz com que eu não me sinta tão mal com essa história de comer cadáveres. Nós desenvolvemos laços com nossos animaizinhos. Queremos que eles fiquem chateados quando morremos, e não lambendo os beiços. Mas por que temos essa expectativa? Nossos animais de estimação comem animais mortos, assim como os humanos comem animais mortos (tudo bem, não vocês, vegetarianos). Muitos animais selvagens também se alimentam de cadáveres. Até algumas criaturas que consideramos os predadores mais habilidosos — leões, lobos, ursos — vão mandar ver com alegria se encontrarem um animal morto em seu território. Principalmente se estiverem morrendo de fome. Comida é comida e você está morto. Deixe que eles apreciem uma boa refeição e sigam a vida, agora com um pedigree meio macabro. Viva o Rumpelstiltskin!

O que aconteceria com o corpo de um astronauta no espaço?

VERDADES DO ALÉM-TÚMULO
Caitlin Doughty

Duas palavras, muitos problemas: espaço e cadáver.

Como a amplidão do espaço, o destino do cadáver de um astronauta é território inexplorado. Até o momento, nenhum indivíduo morreu de causas naturais no espaço. Houve dezoito mortes de astronautas, mas todas foram causadas por desastres espaciais. O ônibus espacial *Columbia* (sete mortes, explodiu por falhas estruturais), o ônibus espacial *Challenger* (sete mortes, se desintegrou no lançamento), o *Soyuz 11* (três mortes, válvula de ventilação que abriu na descida, as únicas mortes que tecnicamente aconteceram no espaço), o *Soyuz 1* (uma morte, o paraquedas da cápsula falhou na reentrada). Todas essas foram calamidades em larga escala, com corpos recuperados na Terra em vários estados de deterioração. Mas não sabemos o que teria acontecido se um astronauta tivesse um ataque cardíaco repentino ou sofresse um acidente durante uma caminhada espacial, ou engasgasse com um sorvete liofilizado a caminho de Marte. "Hum, Houston, devemos levá-lo flutuando até o armário de manutenção ou...?"

Antes de falarmos sobre o que seria feito com um cadáver espacial, vamos explicar o que desconfiamos que poderia acontecer se a morte ocorresse em um lugar sem gravidade e sem pressão atmosférica.

Eis uma situação hipotética. Uma astronauta, vamos chamá-la de dra. Lisa, está fora da estação espacial, fazendo distraidamente algum conserto de rotina. (Astronautas se distraem? Suponho que tudo que eles fazem tem um propósito específico e altamente técnico. Mas eles fazem caminhadas espaciais só para ter certeza de que tudo está direitinho na estação espacial?) De repente, o traje espacial branco da Lisa é atingido por um pequeno meteorito, abrindo um bom buraco.

Diferentemente do que você pode ter visto ou lido em obras de ficção-científica, os olhos da Lisa não vão saltar da cara até ela finalmente se desfazer em uma explosão de sangue e gelo. Não vai acontecer nada tão dramático. Mas Lisa vai ter que agir depressa depois que o traje for rasgado, pois vai perder a consciência entre nove e onze segundos depois. É um prazo estranhamente específico e meio sinistro. Vamos dizer que sejam dez segundos. Ela tem dez segundos para voltar a um ambiente pressurizado. Mas uma descompressão rápida assim provavelmente vai deixá-la em choque. A morte vai chegar para a pobre coitada antes mesmo que ela saiba o que está acontecendo.

A maioria das condições que podem matar Lisa deriva da falta de pressão do ar no espaço. O corpo humano está acostumado a operar com o peso da atmosfera da Terra, que nos envolve o tempo todo como um cobertor antiansiedade do tamanho de um planeta. A partir do momento que a pressão desaparecer, os gases no corpo da Lisa vão começar a se expandir e os líquidos vão virar gás. A água nos músculos dela vai se converter em vapor, que vai se acumular embaixo da pele, fazendo algumas partes de seu corpo incharem e dobrarem de tamanho. Isso vai causar uma situação bizarra, tipo Violet Beauregarde, mas será o principal problema dela em termos de sobrevivência. A falta de pressão também vai fazer o nitrogênio em seu sangue formar bolhas de gás, provocando dores intensas, parecidas com o mal de descompressão que afligem mergulhadores de profundidade. Quando a dra. Lisa desmaiar em nove a onze segundos, sentirá um alívio misericordioso. Continuará flutuando e inchando, alheia ao que está acontecendo.

Quando passarmos de um minuto e meio, os batimentos e a pressão arterial da Lisa vão despencar (ao ponto em que o sangue dela pode começar a ferver). A pressão dentro e fora de seus pulmões será tão diferente que os pulmões vão se arrebentar, romper e sangrar. Sem socorro imediato, a dra. Lisa vai sofrer asfixia, e teremos um cadáver espacial nas mãos. Lembre que isso é o que achamos que vai acontecer. As poucas informações que temos vêm de estudos feitos em câmaras de altitude com humanos infelizes e animais mais infelizes ainda.

A tripulação puxa Lisa para dentro, mas é tarde demais para salvá-la. Descanse em paz, dra. Lisa. Agora, o que deve ser feito com o corpo?

Os programas espaciais como a NASA estão ponderando há um tempo sobre essa inevitabilidade, embora não falem publicamente a respeito. (Por que está escondendo seu protocolo para cadáveres espaciais, NASA?) Portanto, vou fazer a pergunta a você: o corpo da Lisa deveria voltar para a Terra ou não? Eis o que aconteceria, com base no que você decidir.

Sim, tragam o corpo da Lisa de volta para a Terra.

A decomposição pode ser desacelerada em temperaturas baixas, então, se Lisa vai voltar para a Terra (e a tripulação não quiser os efluentes de um corpo em decomposição escapando para a cabine da nave), é preciso mantê-la o mais fria possível. Na Estação Espacial Internacional, os astronautas deixam o lixo e os restos de comida na parte mais fria da estação. Isso freia as bactérias que provocam decomposição, o que diminui o apodrecimento e ajuda os astronautas a evitarem odores desagradáveis. Talvez seja lá que Lisa fique até um ônibus espacial levá-la de volta para a Terra. Guardar Lisa, a heroína espacial falecida, com o lixo não é o melhor gesto de relações públicas, mas a estação tem espaço limitado, e a área de lixo já tem um sistema de resfriamento instalado, então faz sentido deixá-la lá.

Sim, o corpo da Lisa devia voltar, mas não imediatamente.

E se a dra. Lisa morrer de ataque cardíaco numa longa viagem a Marte? Em 2005, a NASA colaborou com uma pequena empresa sueca chamada Promessa no design do protótipo de um sistema que processaria e guardaria cadáveres espaciais. O protótipo era chamado Body Back. ("Vou trazer de volta uns finados, restituindo cadáveres que não estão intactos.")[1]

Se a tripulação da Lisa tivesse um sistema Body Back a bordo, funcionaria assim. O corpo dela seria colocado em um saco hermético feito de GoreTex e enfiado na eclusa de ar. Na eclusa de ar, a temperatura do espaço (-270 °C) congelaria o corpo da Lisa. Depois de uma hora, um braço robótico traria o saco de volta para o ônibus espacial e vibraria por quinze minutos, cortando a Lisa congelada em pedacinhos. Os pedacinhos seriam desidratados, deixando uns 23 quilos de pó seco de Lisa no Body Back. Em teoria, seria possível guardar Lisa no estado de pó durante anos antes de devolvê-la à Terra e entregá-la à família, assim como entregamos uma urna pesada com restos de cremação.

---

[1] Crianças, isso é uma referência a Justin Timberlake. Não tem problema vocês não saberem quem é.

Não, Lisa deveria ficar no espaço.

Quem disse que o corpo da Lisa precisa voltar para a Terra? As pessoas já estão pagando 12 mil dólares ou mais para que porções pequeninas e simbólicas de seus restos cremados ou DNA sejam lançados na órbita da Terra, na superfície da Lua ou no espaço sideral. Você não acha que os nerds espaciais surtariam se tivessem a chance de ter seu cadáver flutuando pelo espaço?

Afinal, o funeral no mar sempre foi uma forma respeitosa de enviar marinheiros e exploradores para o descanso final, que eram jogados nas ondas pela lateral do navio. Nós continuamos com a prática atualmente, apesar dos avanços na refrigeração a bordo e nas tecnologias de preservação. Portanto, embora tenhamos tecnologia para construir braços robóticos que destruam e congelem cadáveres espaciais, será que poderíamos empregar a opção mais simples de embrulhar a dra. Lisa num saco, levá-la para uma caminhada espacial além do painel solar e deixar que saísse flutuando?

O espaço parece vasto e impossível de controlar. Nós gostamos de imaginar que a dra. Lisa vai ficar flutuando para sempre no espaço (como George Clooney naquele filme espacial que vi no avião uma vez), mas o mais provável é que ela acompanharia a órbita do ônibus espacial. Perversamente, isso a transformaria numa espécie de lixo espacial. A Organização das Nações Unidas tem regulamentos que proíbem o descarte de lixo no espaço. Mas duvido que fossem aplicar esses regulamentos à dra. Lisa. Afinal, ninguém quer chamar nossa nobre Lisa de lixo!

Os seres humanos já enfrentaram esse desafio, obtendo resultados sombrios. Há poucas rotas escaláveis para o topo do Monte Everest, que tem de 8.848 metros de altura. Se você morrer nessa altitude (coisa que já aconteceu com quase trezentas pessoas), é perigoso para os vivos tentar descer seu corpo para um enterro ou cremação. Hoje, as trilhas de escalada estão entulhadas de cadáveres, e a cada ano, novos alpinistas têm que passar por cima das roupas de neve laranja e dos rostos esqueléticos de colegas alpinistas. A mesma coisa pode acontecer no espaço, onde ônibus espaciais para Marte teriam que passar pelo cadáver em órbita a cada viagem. "Ah, caramba, lá vai a Lisa de novo."

É possível que a gravidade de algum planeta possa acabar puxando Lisa. Se isso acontecer, Lisa acabaria ganhando uma cremação de graça na atmosfera. A fricção dos gases atmosféricos superaqueceriam os tecidos de seu corpo e a incinerariam. Há uma possibilidade bem pequena de que o corpo de Lisa, se fosse jogado no espaço em um pequeno veículo autopropulsor, como uma cápsula de fuga, que depois partisse do nosso sistema solar, viajasse pela amplidão vazia até algum exoplaneta, sobrevivesse à descida na atmosfera que pudesse existir lá e se abrisse com o impacto, os micróbios e esporos de bactéria da Lisa poderiam criar vida num novo planeta. Que bom para Lisa! Quem sabe se uma Lisa alienígena não foi a forma como a vida começou na Terra, hein? Será que a "gosma primordial" da qual as primeiras criaturas vivas emergiram foi apenas a decomposição da Lisa? Valeu, dra. Lisa.

Posso ficar com o crânio dos meus pais depois que eles morrerem?

VERDADES DO ALÉM-TÚMULO
Caitlin Doughty

Ah, sim, a velha pergunta: "Posso ficar com o crânio dos meus parentes?". Você se espantaria (ou talvez não tivesse espanto algum) com a frequência com que me fazem essa pergunta.

Espere. Primeiro de tudo, o que você vai *fazer* com os crânios exatamente? Deixar na prateleira acima da lareira? Usar como um enfeite de árvore de Natal arrojado? Sejam quais forem seus planos, lembre que crânios de verdade não são decorações kitsch de Halloween; eles pertenceram a um ser humano. Mas, supondo que suas intenções sejam boas, você tem três grandes obstáculos a superar antes que a cachola do papai possa virar um baleiro na sua mesa de centro: papelada, controle legal e esqueletização.

Primeiro, vamos falar da papelada. É extremamente difícil conseguir permissão legal para expor o esqueleto de um parente. Em teoria, as pessoas podem decidir o que acontece com seus corpos depois da morte. Então, *em teoria*, seus pais poderiam criar um documento escrito, assinado e datado declarando explicitamente que querem que você fique com seus crânios depois que eles morrerem. Seria parecido com o documento que uma pessoa assina quando quer doar o corpo para pesquisas científicas.

E vou dizer logo o que não vai dar certo, que é andar até a agência funerária do seu bairro e dizer: "Olá! Aquele ali é o cadáver da minha mãe. Você pode arrancar a cabeça dela e tirar a carne do crânio? Te agradeço muito. Valeu!". Uma funerária comum (na verdade, qualquer funerária) não estaria aparelhada para lidar com esse tipo de pedido, nem no âmbito legal e nem no prático. Como agente funerária, eu não tenho a menor ideia de qual equipamento uma decapitação adequada exige. A retirada subsequente da carne vai muito além do que posso imaginar. Suponho que envolva ferver e/ou o uso de besouros dermestes, mas isso não está na ementa da escola mortuária.

(Meu editor escreveu esta observação aqui: "Na verdade, você sabe *sim* algumas coisinhas sobre a retirada da carne". Tudo bem, é verdade. Eu nunca fiz em um humano, mas sou uma entusiasta amadora do besouro dermestes. Os besouros são criaturas incríveis, usadas em museus e laboratórios de perícia para comer delicadamente a carne de um esqueleto sem destruir os ossos. Esses besouros ficam felizes de entrar numa massa nojenta e grudenta de carne em decomposição e limpar delicadamente em volta até do menor dos ossos. Mas não precisa ter medo de ir a um museu e cair acidentalmente numa tina de besouros dermestes; apesar de serem besouros que "comem carne", eles não estão interessados nos vivos.)

Voltando à cabeça da mamãe. Mesmo que eu pudesse removê-la, minha funerária não poderia entregar legalmente a cabeça decapitada por causa de um tópico que vai aparecer inúmeras vezes neste livro: as leis de vilipêndio a cadáveres. Essas leis variam de um lugar para o outro e às vezes podem parecer meio arbitrárias. Por exemplo, a lei do Kentucky diz que você estaria cometendo vilipêndio a um cadáver se tratasse o morto de uma forma que "afetasse a sensibilidade da família comum". Mas o que é uma "família comum"? Talvez na sua "família comum" seu pai fosse um cientista que sempre prometia que, quando morresse, deixaria para você tanto a coleção de bicos de Bunsen quanto o crânio dele. Não existem famílias comuns.

Mas as leis de vilipêndio a cadáver existem por um motivo: elas protegem os corpos das pessoas de serem maltratados (aham, necrofilia). Também impedem que um corpo seja retirado do necrotério e usado para pesquisa ou exposição pública sem o consentimento da pessoa morta. A frequência com que isso aconteceu na história é surpreendente. Profissionais médicos já roubaram cadáveres e até reviraram túmulos recentes a fim de pegar corpos para dissecação e pesquisa. E há casos como o de Julia Pastrana, a mexicana do século XIX que tinha uma doença chamada hipertricose, que faz cabelos crescerem por todo o rosto e corpo. Depois de sua morte, seu cadáver embalsamado e empalhado foi levado numa turnê mundial pelo seu marido horrível. Ele se deu conta de que poderia ganhar dinheiro exibindo Julia em shows de aberrações. Julia parou de ser vista como humana; seu cadáver se tornou um bem.

Por causa das leis de vilipêndio a cadáveres, nenhum corpo pode ser *reivindicado* como propriedade depois de morto. "Achado não é roubado" não se aplica aqui. Mas, infelizmente, as mesmas leis de vilipêndio a cadáveres impedem que você exiba o crânio da mamãe na estante de livros.

"Espera, eu já vi crânios humanos nas estantes de livros de umas pessoas! Como elas conseguiram?" Nos Estados Unidos, não existe lei federal que impeça a propriedade, venda ou compra de restos humanos. Bom, exceto se os restos forem de povos nativos americanos. Nesse caso, você se deu mal (e bem feito). Mas, fora isso, cada estado decide individualmente se você pode vender ou ter restos humanos. Pelo menos 38 estados têm leis que deveriam impedir a venda de restos humanos, mas na realidade essas leis são vagas, confusas e aplicadas aleatoriamente.

Em um período de sete meses entre 2012 e 2013, houve 454 crânios humanos listados no eBay, com um lance médio de abertura de 648,63 dólares (o eBay baniu a prática logo depois). Muitos crânios de vendas particulares têm origens questionáveis, oriundos do próspero comércio de ossos na Índia e na China. Os ossos são obtidos com pessoas que não puderam pagar por uma cremação ou enterro — não exatamente muito ético. Esses ousados vendedores de ossos dirão que não são *restos* humanos o que eles vendem, mas *ossos* humanos. A maioria das leis estaduais proíbe a venda de "restos", mas ossos estão na legalidade e dentro da lei, eles dirão.

(Observação: eles estão vendendo restos.)

Então, só para deixar claro: você não pode ficar com o cadáver da sua mãe, mas se tiver disposição de se envolver com comércio on-line suspeito, o fêmur de uma pessoa aleatória da Índia pode ir parar na sua casa.

Mesmo que você explore os argumentos legais indefinidos na sua missão de botar as mãos no crânio do papai, ainda vai encontrar um grande problema: atualmente, não há maneira de esqueletizar restos humanos com fins de propriedade privada nos Estados Unidos. Na maior parte das vezes, a esqueletização só acontece quando um corpo é doado para pesquisa científica. *Nem isso* é explicitamente legal (as autoridades só costumam fingir que não estão vendo no caso de museus e universidades). Mas em circunstância alguma você pode esqueletizar seu pai e botar a cabeça dele no centro de mesa, junto com as abóboras decorativas, no Dia de Ação de Graças.

Conversei com minha amiga Tanya Marsh, professora de direito especializada na lei de restos humanos. Ela é especialista nisso. Se houvesse *alguma* brecha legal que pudesse permitir que alguém mandasse soltar a cabeça do papai de seu envoltório de carne, Tanya saberia como encontrar.

EU: As pessoas me perguntam isso o tempo todo, tem que ter um jeito.

TANYA: Posso argumentar com você o dia inteiro que não é legal em *nenhum estado* dos Estados Unidos reduzir uma cabeça humana a crânio.

EU: Mas se fosse doado para a ciência e depois doado para a famíl...

TANYA: Não.

Em todos os estados, as funerárias usam uma coisa chamada licença de enterro e transporte, que diz ao estado o que vai ser feito com o corpo de uma pessoa. As opções costumam ser enterro, cremação ou doação para a ciência. Só isso: três coisas simples. Não existe a opção de "cortar a cabeça fora, arrancar a carne, preservar o crânio e cremar o resto do corpo". Nada que chegue nem perto.

Tanya leu para mim as letrinhas miúdas da lei de um estado:

> *... todas as pessoas que depositam ou descartam restos humanos em um lugar, exceto um cemitério, são culpadas de contravenção.*

Em outras palavras, o crânio do papai tem que ficar no cemitério, e você estará cometendo um crime se colocá-lo em algum lugar que *não* seja um cemitério, como o seu jardim.

Para oferecer um raio de esperança, as leis estão mudando enquanto escrevo isto. Agora mesmo, possuir ossos humanos (da sua mãe ou de outra pessoa) é uma área cinzenta grande e indefinida. Talvez um dia as leis mudem a seu favor, e a Crânio da Sua Mãe Ltda. se especialize em remover legalmente a carne dos esqueletos parentais.

Se for isso que você (*e* seu pai ou sua mãe!) quer, espero que seja possível. Se não der certo, creme-os e coloque as cinzas em um diamante ou um disco de vinil. Crianças, um disco de vinil é... deixem pra lá.

Meu corpo vai se sentar ou falar sozinho depois que eu morrer?

VERDADES DO ALÉM-TÚMULO
Caitlin Doughty

Cheguem mais perto, mortais. Não sei bem se eu deveria contar isto; o conselho secreto dos agentes funerários vai ficar furioso comigo. Mas, numa noite, eu estava trabalhando até tarde na funerária, sozinha. Na sala de preparação de corpos, deitado na mesa debaixo de um lençol branco, havia um homem morto de uns 40 e poucos anos. Quando estiquei a mão para apagar a luz, um gemido longo e apavorante escapou do corpo, e o homem se sentou, como Drácula se levantando do caixão...

Tudo bem, isso nunca aconteceu. Eu inventei. (Não a parte sobre trabalhar até tarde — todo mundo que trabalha em funerária tem que trabalhar até tarde.) Mas essa história, ou uma parecida, é a história doida de necrotério ou agência funerária favorita de todo mundo. Costuma vir de uma fonte como "o sobrinho do primo do meu marido" que trabalhou em uma funerária nos anos 1980 e viu uma vez um corpo se sentar. Você vai encontrar as histórias em fóruns de internet e artigos com títulos como "Histórias sinistras que os agentes funerários não querem que você saiba".

Mas quais são os fatos do movimento pós-morte?

Seu corpo não vai se sentar ereto movido à sua própria força cadavérica. Isto não é um filme de terror, pessoal. Cadáveres não gritam, nem se sentam e tampouco agarram seu cabelo para arrastar você até o inferno (se bem que admito que tive esses exatos medos infundados quando comecei a trabalhar em uma funerária).

Entretanto, não é porque seu cadáver não está exibindo esses gestos grandiosos e chamativos que isso quer dizer que não há uma série de tremores, espasmos e gemidos que um cadáver pode fazer. Você está pensando: um cadáver que treme ainda é bem sinistro! É verdade. Mas há certos motivos biológicos simples para explicar como e por que essas coisas podem acontecer.

Logo depois que uma pessoa morre, é possível que seu sistema nervoso ainda esteja a toda, o que pode provocar pequenos espasmos e tremores no corpo. Esses espasmos costumam acontecer nos primeiros minutos depois da morte, mas às vezes são observados até doze horas depois. Quanto a ruídos, quando um corpo recém-falecido é movido, o ar pode ser forçado para fora da traqueia, emitindo um gemido assustador. A maioria dos profissionais de enfermagem já passou por algumas dessas coisas, então, depois que uma pessoa foi declarada morta, sua reação a um tremor, movimento ou gemido costuma ser mais calma, não um "Meu Deus, está vivo, está viiiivo!".

Seu corpo também pode fazer barulhos que não têm nada a ver com o sistema nervoso morrendo. Depois que você morre, sua barriga é a central de festas, com bilhões de bactérias consumindo seus intestinos antes de seguirem para o seu fígado, seu coração, seu cérebro. Mas, com esse banquete todo, vêm os restos. Esses bilhões de bactérias produzem gases como metano e amônia, que incham seu estômago. Esse inchaço significa pressão interna, e se a pressão crescer muito, seu corpo pode purgar, soltando líquido ou ar com cheiro pútrido. Quando um corpo purga, ele pode fazer um som sinistro. Não se preocupe, não são os lamentos horríveis e fantasmagóricos do morto, mas... peidos de bactéria.

Cadáveres que gemem fascinam as pessoas há séculos. Antes de sabermos sobre os peidos de bactéria e o sistema nervoso, e antes de termos definições mais claras e científicas da morte, as pessoas tinham pavor de serem enterradas vivas. Tremores e gemidos faziam a pessoa morta parecer não tão morta.

Na Alemanha, no final dos anos 1700, havia médicos que acreditavam que o único jeito de saber se alguém estava realmente morto era esperar que a pessoa começasse a apodrecer — o inchaço, o fedor, serviço completo. Essa crença levou à criação de Leichenhaus, um "necrotério de espera", onde os cadáveres ficavam em uma sala aquecida (o calor propicia a decomposição) até ninguém poder duvidar de que a pessoa estava cem por cento morta. As salas eram vigiadas por um funcionário jovem, para o caso de alguém gemer, se sentar, pedir para ir ao banheiro, qualquer coisa. Era comum que prendessem sinos aos cadáveres, que tocariam se o corpo se movesse e alertaria o funcionário. Na prática, tudo se resumia a um jovem sentado numa sala silenciosa cheia de cadáveres fedendo horrivelmente.

Um desses necrotérios de espera, na cidade de Munique, cobrava um valor para os visitantes poderem andar entre os cadáveres. Um sistema de alarme tipo "cuidado, o cadáver está vivo" foi criado, amarrando cordas nos dedos das mãos e dos pés do corpo. As cordas ficavam presas a um harmônio (um órgão que faz som quando ar passa por ele). Qualquer movimento supostamente dispararia o instrumento e alertaria o funcionário se um cadáver se movesse. Dava certo, mas infelizmente o "movimento" era só o inchaço e a ruptura do corpo em decomposição. À noite, o funcionário acordava com uma sala vazia tomada de uma melodia sinistra e sem harmonia.

No fim dos anos 1800, a maioria dos necrotérios de espera parou de funcionar. Um tal dr. Von Steudel disse que um milhão de corpos passaram pelos necrotérios e nenhum tinha despertado.

A resposta aqui é sim, corpos podem se mover sozinhos, mas os movimentos são pequenos e causados pela ciência! Não por fantasmas. Nem demônios. Nem zumbis. Mas fique feliz de não ser o rapaz que trabalha em um Leichenhaus.

Enterramos meu cachorro no quintal. O que aconteceria se o desenterrássemos agora?

VERDADES DO ALÉM-TÚMULO
Caitlin Doughty

Há muitos motivos para você querer ressuscitar seu cachorro do local onde ele foi enterrado, embaixo da árvore. Diferentemente dos enterros humanos, não há leis que impeçam você de dar uma olhada no seu cachorrinho e ver como está a decomposição dele. (Observação: nos cemitérios humanos, a exumação ilícita, ou desenterro de corpos sem permissão, é considerada vilipêndio grave. Não quero ouvir ninguém alegar "A Caitlin disse pra gente ver como anda a vovó".)

O motivo mais comum para as pessoas desenterrarem os animais de estimação é mudança. Elas não suportam a ideia de deixar o pequinês Growler para trás e não querem uma nova família que nem conheceu o Growler construindo uma piscina e mandando os ossos dele embora num caminhão de lixo. Mas elas também podem ficar incomodadas de ver como Growler está depois de oito meses enterrado. É aí que entram as empresas que vão à sua casa, desenterram o Growler, cremam seu corpo e o devolvem para você. Agora residindo numa urna em forma de osso, Growler está pronto para ir para a casa nova.

Quanto à aparência do Growler quando for desenterrado, há tantos fatores que é quase impossível responder hipoteticamente. Um especialista em exumação de animais de estimação da Austrália ofereceu a seguinte regra de ouro: "Quando animais de 15 anos são exumados, o esperado é encontrar ossos, mas se o animal tiver de 1 a 3 anos, vai estar um pouco mais intacto e fedorento". Mas essa linha do tempo depende de vários outros fatores. Há quanto tempo ele está morto? Foi colocado em um caixãozinho ou direto na terra? Onde você mora: floresta tropical, deserto, subúrbio gramado? Preciso de mais informações!

Em que profundidade Growler foi enterrado? Ele vai se decompor mais lentamente se foi enterrado bem fundo, muitos metros abaixo daquela árvore. Quanto mais fundo ele tiver sido enterrado, mais longe está do oxigênio, micróbios e outras coisas que aceleram o processo de decomposição.

Em que tipo de solo Growler foi enterrado? Esse pode ser o fator que mais influi no estado atual de Growler. Solo não é somente "tanto faz... é terra, né?". Solos são tão diferentes quanto as cores do arco-íris.

O Egito, por exemplo, é famoso por ter solo arenoso, que pode preservar um corpo muito bem. Também é conhecido por ser quente. Essa combinação, seco e quente, poderia desidratar Growler e mumificá-lo. Na areia escaldante, a pele secaria tão rápido e profundamente que nem os insetos conseguiriam mastigá-la. Múmias animais são mais comuns do que você pode pensar. Em 2016, um zoológico na Faixa de Gaza teve que ser abandonado por causa da guerra e do bloqueio israelense. Conforme morriam, os animais foram se mumificando no ar seco e quente. As imagens de dentro do zoológico fantasma mostram leões, tigres, hienas, macacos e crocodilos, todos sinistramente conservados.

Centenas de anos atrás, por toda Europa, as pessoas com medo de bruxaria prendiam gatos dentro das paredes de casa, por acreditarem que eles afastavam ameaças sobrenaturais. Construtores e empreiteiros encontram gatos aleatórios nas paredes europeias há anos. Um dono de loja na Inglaterra pediu a um cliente para levar até ele uma caixa contendo um gato e um rato mumificados, ambos com mais de trezentos anos.

O cliente os encontrou nas paredes de um chalé galês e queria vendê-los. Isso tudo para dizer que, se as condições forem certas, você pode dar de cara com um Growler mumificado.

Um cachorro chamado Stuckie foi encontrado na Geórgia nos anos 1980. Stuckie provavelmente era um cão de caça que entrou no buraco de uma árvore oca atrás de um esquilo. Conforme Stuckie foi subindo, o tronco foi ficando mais estreito e (você sabe no que isso vai dar) Stuckie ficou entalado. Lenhadores encontraram o corpo mumificado na árvore anos depois, os dentes expostos, as cavidades oculares vazias, as unhas ainda intactas. Dava para ver todos os ossos de Stuckie aparecendo debaixo do pelo e da pele fina e mumificada. Normalmente, ele teria se decomposto rapidamente na floresta da Geórgia, mas como nenhuma criatura tinha acesso a ele e o tronco da árvore e os taninos sugaram a umidade da pele, Stuckie se tornou imortal.

O caso de Stuckie é raro. Você pode ter esperanças de encontrar o Growler imortal enterrado no quintal, mas é mais provável que não encontre Growler nenhum. O solo ideal de jardinagem é argiloso: silte, areia e argila misturados. O solo argiloso também é o ideal para a decomposição animal. Se Growler tiver sido enterrado no verão, quando as temperaturas são altas, e perto da superfície, onde o solo tem a quantidade certa de umidade, oxigênio e micróbios, talvez todo o tecido mole do Growler tenha se decomposto, a pele, os órgãos e quem sabe até os ossos!

A localização e profundidade do solo escolhido vão determinar o destino do seu cachorro após a morte (ou gerbil ou furão ou tartaruga). Você quer que ele se torne parte do jardim? Se quiser, enterre-o perto da superfície em solo fértil, onde ele tem mais chance de se decompor de forma rápida e completa. Se quiser que ele fique por perto mais tempo, embrulhe-o em plástico, coloque-o numa caixa lacrada e enterre bem fundo no solo. Se bem que, se você realmente quiser que Growler fique por perto durante muito tempo, que tal taxidermia?

Posso preservar meu cadáver em âmbar, como um inseto pré-histórico?

VERDADES DO ALÉM-TÚMULO
Caitlin Doughty

Essa pergunta é fantástica. Você, jovem, é um revolucionário da morte em miniatura. Todo mundo deveria estar de olho em novas possibilidades para nossos futuros cadáveres. Vamos nos encontrar e trocar umas ideias qualquer hora dessas.

Acho que um cadáver envolto em âmbar seria incrível. Você já deve ter visto fotos de insetos antigos com aparência perfeita, presos em um envoltório laranja liso. Os insetos são provenientes de outra época, uma máquina do tempo de resina de árvore. Vamos falar sobre como eles ficaram presos lá. Árvores produzem resina, aquela substância gosmenta e grudenta que escorre do tronco e que é quase impossível de tirar das mãos mesmo depois que você as lava sete vezes. As árvores usam essa resina como proteção contra várias pragas e animais que poderiam fazer mal a elas. Digamos que estamos 99 milhões de anos atrás e uma formiga antiga está subindo pela árvore e fica presa na resina. A armadilha da árvore funcionou; já era para a formiga. Em pouco tempo, mais resina cobre a pobre criatura e se solidifica. Normalmente, essa resina vai ser desintegrada pelo vento, pela chuva, pela luz do sol ou por bactérias ao longo do tempo, se desfazendo com o monsieur Formiga dentro.

Mas, de vez em quando, a resina é protegida e preservada, de forma que, ao longo de muitos milhões de anos, acaba se fossilizando em âmbar.

Aqui está uma lista curta e incrível de coisas que foram encontradas preservadas em âmbar: um escorpião macho de cerca de 20 milhões de anos, que foi desenterrado por um fazendeiro no México; um conjunto de penas de dinossauro de aproximadamente 75 milhões de anos, encontrado no Canadá; um grupo de lagartos anolis de cerca de 17 milhões de anos, encontrado na República Dominicana; e um inseto antigo (agora extinto) de aproximadamente 100 milhões de anos, com cabeça triangular capaz de girar 180 graus — algo que nenhum inseto moderno é capaz de fazer. Tem até um pedaço de âmbar com uma aranha de cerca de 100 milhões de anos, paralisada no meio de um ataque a uma vespa.

Todas essas criaturas, muito tempo atrás, ficaram presas e foram preservadas em resina. Então a pergunta é: por que não você? Quando você morrer (não há necessidade de prender você vivo na resina, isso é meio macabro; já morto está ótimo), teoricamente poderíamos envolver seu corpo em resina de árvore. Talvez, como a luta entre a aranha e a vespa, nós possamos botar você numa pose de quem está lutando com uma pantera ou algo do tipo. Depois, colocaríamos você e a pantera (envoltos em resina) numa sala de temperatura controlada, fazendo você passar por uma série de mudanças químicas com calor e pressão. Se tudo der certo, num pulinho e vários milhões de anos depois, a resina vai virar âmbar. Pelo menos nós achamos que leva vários milhões de anos; não há uma resposta clara em relação ao tempo que leva para a resina virar âmbar. A essas alturas, alguma criatura senciente do futuro pode encontrar você e falar: "Nossa, olha só esse humano perigoso preso em âmbar". Talvez a criatura use você como peso de papel em sua mesa ou algo do tipo.

Tudo bem, então você é um ser humano e está preservado em âmbar. Mas você precisa saber que, com a ciência como está agora, tem uma coisa que não vão poder fazer com o seu corpo fossilizado: clonagem. Estou tocando nesse assunto porque desconfio que você fez essa pergunta sobre preservação em âmbar porque tem um sonho secreto estilo *Parque dos Dinossauros* de que "a vida encontra um caminho". De que seu DNA possa ser extraído do seu envoltório de âmbar, clonado e se tornar uma versão 2.0 de você.

A ideia por trás de *Parque dos Dinossauros*, antes de se tornar livro e uma franquia de filmes de sucesso, começou como um experimento especulativo de alguns cientistas nos anos 1980. Ao verem um mosquito antigo preso em âmbar, refletiram: "E se um desses mosquitos tivesse sugado o sangue de um T. rex logo antes de morrer? E se o mosquito se alimentou, pousou numa árvore para relaxar, ficou preso na resina da árvore e acabou preservado em âmbar? Se conseguirmos extrair esse sangue de dinossauro antigo, talvez possamos obter seu código genético e usá-lo para trazer o T. rex de volta". Admito que é uma perspectiva legal. E, de algumas formas, o âmbar é fantástico para preservar material orgânico morto. Primeiro porque o âmbar é muito, muito seco. Ambientes secos (como desertos) são ideais para preservação. Então, por que não conseguiriam tirar DNA das criaturas perfeitamente conservadas em âmbar?

A comunidade científica concorda agora que conseguir DNA útil a partir de animais em âmbar não é possível. O DNA se desintegra rápido demais. Os níveis de oxigênio mudam, as temperaturas mudam, os níveis de umidade mudam, e tudo isso leva as peças de quebra-cabeça que compõem o código genético a se desfazerem. É uma confusão. Mesmo se conseguissem extrair uma parte do seu material, era provável que tivessem que preencher as lacunas com... outra pessoa ou coisa. Por exemplo, cientistas na Universidade de Harvard estão pegando genes de mamutes-lanosos e tentando "cortar e colar" o DNA deles em células de elefantes. Se der certo, a criatura resultante não será um mamute, mas um tipo híbrido de mamute-elefante. Talvez possam juntar você e a pantera com a qual você lutou. Híbridos de humano e pantera do futuro! (Isso é inventado, não vai acontecer — não me escute, eu sou apenas uma agente funerária.)

É preciso decidir o que é mais importante para você. Seu desejo é ficar com boa aparência por milhões de anos em potencial e ser uma grande peça decorativa? Nesse caso, envolver em resina pode ser uma boa escolha. Mas se você quiser preservar seu DNA para possivelmente ser clonado num futuro distante, talvez seja melhor considerar outra coisa: criopreservação. Quando você morrer, podemos fazer congelamento rápido das suas células em nitrogênio líquido, a muitos graus negativos. Cientistas já clonaram ratos e touros a partir de células congeladas.

Talvez o que você esteja querendo seja menos *Parque dos Dinossauros* e mais *Star Wars*. Lembra quando Han Solo foi "congelado em carbonita", um gás que congela em estado sólido? Isso também não é muito convincente como ciência, mas nos leva mais perto do seu objetivo de congelar suas células. Não há evidências de que congelar o corpo todo pode levar o indivíduo de volta à vida no futuro. Mas preservar as células para clonar? Talvez. Outro caminho: nossos filmes de maior bilheteria parecem envolver muita tecnologia sofisticada de preservação corporal. Coincidência? Acho que não. O público ama tecnologia elaborada para cadáveres. (*Frozen* não chegou lá, mas tenho a sensação de que a Elsa tem boas técnicas de criopreservação na manga.)

Portanto, pode ser que você nunca passe por um processo de clonagem. Mas, diferentemente dos dinossauros (ou do quaga, ou do mamute-lanoso, ou do pombo-passageiro), os humanos não devem entrar em extinção tão cedo. Somos 7,6 bilhões na Terra — e o número está crescendo. A conversa nos próximos cinquenta anos tem mais chance de ser uma discussão sobre a responsabilidade dos humanos de trazerem de volta animais que levamos à extinção ou à beira da extinção. Mas talvez a conversa daqui a um milhão de anos seja sobre trazer ou não a raça humana de volta, e o humano sortudo preservado pode muito bem ser você!

Por que mudamos de cor quando morremos?

VERDADES DO ALÉM-TÚMULO
Caitlin Doughty

Cadáveres podem ser um caleidoscópio colorido de atividades. Essa é uma das minhas partes favoritas. Talvez você esteja morto — "você" pode ser a Jessica, a Maria ou o Jeff —, mas isso não quer dizer que não há vida acontecendo dentro do seu corpo. Sangue, bactérias, fluidos: tudo isso está reagindo, mudando e se adaptando agora que o hospedeiro está morto. E essas mudanças significam... *cores*.

As primeiras cores que aparecem depois da morte têm a ver com o sangue. Quando uma pessoa está viva, o sangue é bombeado pelo corpo. Dê uma olhada nas suas unhas agora. Se estiverem rosadas, significa que seu coração está bombeando sangue. Parabéns, seu organismo está vivo! Espero que não precise ir à manicure. Minhas unhas estão horríveis agora. Mas isso não tem nada a ver, então... vamos em frente.

Nas primeiras horas depois que a morte acontece, uma pessoa morta vai ficar mais pálida do que antes, principalmente em lugares como os lábios e as unhas. Essas partes do corpo perdem a cor rosada saudável e começam a ficar sem cor e empalidecidas porque o sangue que antes corria embaixo da superfície da pele começou a sucumbir à gravidade. Quando você pensa em um cadáver sinistramente pálido, é o fenômeno banal da perda de sangue em tecidos de superfície.

Por volta desse mesmo momento, você também vai notar mudança de cor nos globos oculares da pessoa. Cadáveres precisam de ajuda para fechar os olhos. Na minha funerária, recomendamos que a família faça isso logo depois da morte. Em um intervalo curto, como meia hora, a íris e a pupila ficam enevoadas e leitosas porque o fluido debaixo da córnea está estagnado, como um brejinho macabro. Se isso faz você se lembrar de um zumbi, recomendo que feche os olhos da pessoa. Vai fazer com que o corpo pareça mais estar dormindo e menos com "os olhos sem vida e enevoados do papai penetrando na sua alma".

Quando o sangue começar a se acomodar, você vai ver mudanças de cor mais dramáticas. Quando se está vivo, o sangue é feito de componentes diferentes misturados. Mas quando o sangue para de se mover, as hemácias, mais pesadas, se separam lentamente da mistura, como açúcar se acomodando no fundo de um copo com água.

Isso leva ao primeiro sinal visível e sólido da morte, o livor mortis. Nada mais é do que o acúmulo de sangue nas áreas mais baixas de um cadáver, normalmente as costas da pessoa. (Mais uma vez, valeu, gravidade.) As poças tendem a ser roxas. Em latim, a expressão significa "a cor azulada da morte".

Lembre que, quando estamos falando sobre a "descoloração" de um corpo depois da morte, temos que lembrar de que cor a pessoa viva era. A descoloração é mais dramática e óbvia em peles mais claras. Mas não se preocupe, as mudanças de cor após a morte (assim como a decomposição) acontecem com todo mundo.

O interessante é que o livor mortis pode ser útil para examinadores da perícia determinarem como e onde alguém morreu. As manchas de cor e a intensidade do roxo nelas fazem diferença. Por exemplo, se o livor mortis estiver por toda a frente do corpo, isso significa que o corpo ficou de bruços por muitas horas, dando tempo do sangue se acumular ali.

Entretanto, manchas de livor mortis *não* são encontradas nas partes do corpo encostadas em alguma coisa — o chão, por exemplo — porque a pressão significa que os vasinhos perto da superfície do corpo não conseguem se encher de sangue. Essa é outra forma pela qual as equipes de investigação conseguem saber se um corpo ficou numa determinada posição ou em cima de alguma coisa.

Mas espere, tem mais. E se o livor mortis for de uma cor diferente? Se o livor mortis for vermelho-cereja, isso pode significar que a pessoa morreu no frio ou inalando monóxido de carbono (talvez fumaça de um incêndio). Se o livor mortis for roxo-escuro ou rosa, isso pode significar que a pessoa morreu sufocada ou de insuficiência cardíaca. Por fim, se uma pessoa perdeu muito sangue, pode ser que nenhum livor mortis seja encontrado.

O livor mortis é a primeira mudança de cor que você vai ver em um cadáver nas primeiras várias horas. Mas há um novo e fabuloso buquê de cores esperando para florescer cerca de um dia e meio depois da morte.

Dê as boas-vindas à putrefação. É quando a famosa cor verde da morte aparece. É mais marrom-esverdeada, na verdade. Com um pouco de turquesa. Você poderia chamar essa cor de "pútrida" e estaria perfeitamente certo. As flores verdes-roxas-turquesa da putrefação são causadas por bactérias. Lembra quando falei que mesmo depois que você morre ainda há coisas divertidas acontecendo no organismo? Bom, as bactérias são as convidadas mais importantes da festa. As bactérias da barriga ficam loucas ao digerirem você por dentro.

As cores esverdeadas aparecem primeiro na parte inferior do abdome. São as bactérias do cólon se libertando e começando a dominar. Elas estão liquefazendo as células dos órgãos, o que quer dizer que os fluidos estão escorrendo livremente. A barriga incha quando os gases da "ação digestiva" das bactérias (ou seja, os peidos de bactéria) começam a se acumular. Conforme as bactérias se multiplicam e se espalham, a descoloração verde também faz isso, chegando a um verde mais escuro ou preto.

A decomposição não é só coisa de bactéria. Tem outro processo de decomposição chamado autólise. A autólise acontece quando enzimas começam a destruir as células do corpo por dentro. Esse processo de destruição fica acontecendo silenciosamente o tempo todo — desde poucos minutos depois que a pessoa morreu.

O corpo se encontra agora numa jornada complicada, executada pela autólise e pelas bactérias de putrefação. Novos padrões de cores surgem. Você vai começar a ver sinais de um desenho venoso ou marmorizado de vasos sanguíneos perto da superfície da pele. É o clássico efeito de "veia roxa" que o pessoal da maquiagem de filmes usa para mostrar que alguém foi infectado por um vírus zumbi. Em um cadáver, essa marmorização é o sinal visível de vasos sanguíneos apodrecendo e da hemoglobina se separando do sangue. A hemoglobina mancha a pele, produzindo esquemas delicados de cores em tons de vermelho, roxo-escuro, verde e preto. A cadeia de hemoglobina se quebra em bilirrubina (que leva à cor amarela) e biliverdina (que leva à cor verde).

Esse show em tecnicolor está acontecendo ao mesmo tempo que todos os outros efeitos visíveis da putrefação, como inchaço, "purgação" e formação de bolhas ou descamação da pele. A cor vai mudar tão profundamente que você não vai mais reconhecer a pessoa e nem ser capaz de identificar a idade e a cor da pele que tinha em vida.

Por que não vemos corpos em estados extremos de putrefação fora em filmes de zumbis ou de terror? Bom, no século XXI, os corpos não chegam a poder se decompor até esse ponto. Como quase nunca vemos corpos se decompondo em tempo real, a maioria das pessoas parece acreditar que cadáveres incham, se dilatam e mudam de cor imediatamente. Não é verdade; demora dias. Em uma funerária, o corpo vai ser embalsamado (um processo químico que desacelera a decomposição) ou colocado em uma unidade de refrigeração (o ar frio desacelera a decomposição). Depois, o corpo vai ser rapidamente enterrado ou cremado, e a família nunca fica cara a cara com a realidade da putrefação. Não é incomum que você se confunda quanto à progressão da decomposição; é provável que passe a vida toda sem ver um corpo totalmente decomposto! Você vai perder as lindas cores, mas considerando que teria que, sei lá, tropeçar num cadáver na floresta para ver isso, talvez seja melhor assim.

Como um adulto inteiro cabe numa caixinha depois da cremação?

VERDADES DO ALÉM-TÚMULO
Caitlin Doughty

É estranho quando alguém da funerária entrega uma urna prateada com pombas e rosas, mais ou menos do tamanho de uma lata de café, e diz: "Aqui está sua avó!". Hum, a vovó era bem maior do que isso. É mais estranho ainda quando alguém da funerária entrega a mesma urna ornada com pombas e rosas e diz: "Aqui está seu vizinho Doug!". Espere um segundo, o Doug tinha 1,93 metro e 154 quilos — como pode caber na mesma urna da vovó? Essa coisa de cremação é golpe!

Não, não é golpe. Tem um bom motivo para as pessoas ficarem (mais ou menos) do mesmo tamanho depois de uma cremação.

Sabe quando você está nervoso na hora de fazer um discurso importante para um grupo e dizem que é para imaginar a plateia nua? Sugiro outro exercício divertido: imagine as pessoas da plateia como esqueletos. Tire toda a pele, gordura, órgãos, porque, embaixo de tudo, o esqueleto de todo mundo é mais ou menos igual. Algumas pessoas são mais altas, claro, alguns ossos são mais grossos, algumas pessoas têm só um braço — mas, de modo geral, um esqueleto é um esqueleto. E esteja você segurando uma urna contendo sua avó ou seu vizinho Doug, o que tem lá dentro é um esqueleto moído.

O processo de cremação é assim: quando a porta da máquina de cremação se abre, um ser humano inteiro é colocado lá dentro. Deve ter ficado em armazenamento refrigerado por alguns dias, até uma semana, mas em geral as coisas não mudaram tanto assim. Pode até estar usando a mesma roupa com que morreu. Mas, quando a porta da máquina se fecha e as chamas de mais de 800 °C começam a trabalhar, o corpo começa a se transformar imediatamente.

Nos primeiros dez minutos da cremação, as chamas atacam os tecidos moles do corpo — todas as partes úmidas, podemos dizer. Músculos, pele, órgãos e gordura chiam, encolhem e evaporam. O topo do crânio se solta e o cérebro enegrecido é frito na mesma hora pelas chamas. O corpo humano é formado de cerca de sessenta por cento de água, e esse H_2O — junto com outros fluidos corporais — evapora pela chaminé da máquina. Demora pouco mais de uma hora para todo o material orgânico do corpo humano se desintegrar e vaporizar.

O que sobra no fim da cremação? Ossos. Ossos quentes. Chamamos esse montinho pulverizado de ossos derretidos de "restos cremados" ou, mais comumente, cinzas. (Agentes funerários gostam de chamar de "restos cremados" porque parece mais chique e mais oficial, mas "cinzas" está ótimo.)

Não se trata de um esqueleto humano completo, veja bem. O material orgânico nos nossos ossos se queima durante a cremação. O que sobra nos restos cremados é um combo emocionante de fosfatos de cálcio, carbonatos e sais minerais. São totalmente estéreis, o que quer dizer que você poderia rolar nisso como na neve ou uma caixa de areia e ainda estar perfeitamente protegido. Não recomendo que ninguém faça isso, só estou dizendo que seria possível. Não há DNA nesses restos. É basicamente impossível identificar quais são os ossos da vovó e quais são os do vizinho Doug só de olhar, e é por isso que a cremação foi, por muito tempo, considerada a melhor forma de encobrir um crime. (Hoje em dia, se houver qualquer suspeita de crime numa morte, a cremação só pode acontecer depois de uma investigação completa.)

Depois de esfriarem, os fragmentos de ossos são retirados da máquina de cremação. Qualquer pedaço grande de metal é removido (A vovó tinha uma placa no quadril? Vamos descobrir quando a cremarmos!) e os ossos são moídos até virarem cinzas. A pessoa responsável por operar o crematório coloca esse pó cinza-claro em uma urna, que é dada para a família poder espalhar, transformar em diamante, jogar no espaço, fazer um quadro ou usar como tinta de tatuagem.

Mas e uma pessoa que pesa, digamos, duzentos quilos? As cinzas devem ser mais pesadas. Não. Boa parte daquele peso é gordura. Por baixo, lembre-se, o esqueleto dessa pessoa é praticamente idêntico ao de todo mundo. Como a gordura cai na categoria de material orgânico, ela vai ser queimada durante o processo de cremação. A cremação de pessoas muito pesadas pode demorar mais, às vezes duas horas mais. Isso é tempo suficiente para a gordura ser queimada. Mas, no fim do processo, não dá para saber quem entrou na máquina pesando duzentos quilos e quem entrou pesando cinquenta. As chamas são o melhor equalizador que há.

É mais a altura do que o peso que determina o quanto de cinzas vai na urna com as pombas e as rosas. Mulheres costumam ser mais baixas, com menos ossos, e por isso suas cinzas costumam pesar cerca de dois quilos. Os homens costumam ser mais altos e têm cinzas que pesam cerca de três quilos. Sou mulher e tenho mais de 1,80 metro, então imagino que terei cinzas bem pesadas se eu for cremada. (Prefiro ser comida por animais selvagens, mas essa é outra questão.) Meu tio, que morreu alguns anos atrás, tinha 1,95 metro de altura. As cinzas dele estão entre as mais pesadas que já segurei.

Esqueça a aparência externa; é o peso da parte de dentro (do esqueleto) que conta. No fim das contas, a vovó e o Doug cabem na mesma urna porque todo o material orgânico, inclusive a pele, os tecidos, os órgãos e a gordura foram vaporizados no ar, deixando apenas os ossos secos para trás.

Se a vovó e o vizinho Doug têm restos cremados idênticos e não resta DNA nenhum, tem alguma diferença entre as duas urnas? Pode parecer que não há nada de especial nas cinzas da vovó, que não restou nada da "vovozice" especial dela. Não é verdade! Há diferenças, mesmo que não possamos vê-las. Talvez a vovó fosse vegetariana e tomasse multivitaminas. Talvez Doug tenha vivido boa parte da vida perto de uma fábrica. Esses fatores afetam os traços de elementos encontrados nas cinzas.

As cinzas da vovó podem ser parecidas com as do Doug, mas a vovó ainda é a vovó. O que quer dizer que você pode trocar a urna de pombas e rosas entregue pela funerária por uma urna da Harley Davidson feita sob encomenda para a vovó. Ela era esse tipo de garota.

Vou fazer cocô quando morrer?

VERDADES DO ALÉM-TÚMULO
Caitlin Doughty

Pode ser que você faça cocô quando morrer. Legal, né? Eu gosto de fazer cocô no meu dia a dia, e é reconfortante pensar que essa atividade vai continuar depois da minha morte. Peço desculpas e agradeço ao profissional de enfermagem ou de funerária que tiver que limpar depois.

Quando se está vivo, fazer cocô é assim: o cocô segue uma jornada sinuosa pelo seu corpo antes do impulso final até a liberdade. O reto é a última parada. Quando chega lá, sinais são enviados ao seu cérebro para avisar: "Ei, garota, hora de fazer cocô". Tem um músculo circular chamado esfíncter anal externo que fica ao redor do ânus e tranca a prisão fecal, impedindo que o cocô saia dos nossos corpos enquanto não estivermos prontos. (Exceto naquela vez depois dos tacos apimentados.)

O esfíncter anal externo é um músculo voluntário, o que quer dizer que nosso cérebro fica mandando ativamente nosso bumbum ficar fechado. Também é assim que nosso cérebro manda o esfíncter relaxar quando chegamos ao banheiro. Nós gostamos de ter esse controle. É o que permite à maioria de nós o privilégio de andar pelo mundo sem defecar aleatoriamente como coelhos.

Mas, quando morremos, nossos cérebros não enviam mais essas mensagens aos nossos músculos. Durante o rigor mortis, seus músculos se contraem, mas depois de vários dias eles relaxam. A decomposição teve início e todos os músculos relaxam nesse momento, inclusive os que seguram o cocô (e o xixi) dentro do corpo. Então, se você por acaso tiver fezes ou urina perto da saída na hora que falece, ambos ficam livres nesse momento.

Não estou dizendo que todo mundo vai fazer cocô post mortem. Muitas pessoas idosas, ou pessoas que passaram muito tempo doentes, não comeram quase nada nos dias ou semanas antes da morte. Quando morrem, não há muitos restos no corpo para serem liberados.

Como agente funerária, é comum que eu me depare com cocô surpresa quando chego para pegar um corpo e levá-lo para a funerária (isso se chama "primeira visita"). Quando o cadáver é levantado e virado — o que for preciso para colocá-lo em segurança na maca —, ocorre uma pressão, e algumas fezes podem escapar do corpo.

Mas não fique constrangido, querido cadáver! Quem trabalha em funerárias está acostumado a limpar cocô, assim como pais de bebês estão acostumados a trocar fraldas sujas. Faz parte do trabalho.

Além do mais, os patologistas forenses passam por coisa bem pior no departamento de interação com o cocô. (Esse é um dos motivos para eles ganharem em média 50 mil dólares anuais a mais do que nós, agentes funerários). Se alguém morre misteriosamente, o conteúdo do estômago e do cocô pode oferecer pistas importantes. A pessoa que executa a autópsia pode acabar remexendo nas fezes, procurando anomalias que possam explicar a morte. Prefiro limpar uma sujeirinha fecal enquanto estou preparando um corpo a remexer em uma pilha de cocô, como Laura Dern, em *Parque dos Dinossauros*.

Um medo típico de pessoas que trabalham em funerárias é que o morto defeque, purgue ou vaze quando a família vai visitar o corpo. Quem quer que a "imagem final" do vovô venha com um vago aroma de fezes? Os agentes têm uma variedade de truques para impedir que isso aconteça. Truque nível iniciante: fralda. É meu método preferido porque não é invasivo. Você vai entender o que quero dizer em um segundo. Truque nível intermediário: tampão A/V. (A/V não significa áudio/visual. É algo mais gráfico que isso. Vou deixar que você faça a jornada da descoberta sozinho.) O tampão é um dispositivo de plástico transparente que parece um pouco uma rolha de garrafa de vinho e um pouco uma tampa de ralo de pia ou banheira. Truque nível avançado: encher o canal anal de algodão e costurar o ânus. A minha opinião pessoal é que esse método é um exagero e que devíamos deixar nossos cadáveres defecarem em paz. Fico feliz em compartilhar mais opiniões fecais, pena que ninguém pergunte.

Gêmeos xifópagos sempre morrem ao mesmo tempo?

VERDADES DO ALÉM-TÚMULO
Caitlin Doughty

O problema das Donzelas de Biddenden é que ninguém tem certeza se elas existiram mesmo. Não é que a história não seja bem documentada. Mary e Eliza Chulkhurst nasceram (supostamente) no ano 1100, em uma família de Biddenden, Inglaterra. Eram gêmeas xifópagas unidas pelo quadril e pelo ombro. E formavam um par rabugento. Os relatos as descrevem brigando física e verbalmente, chegando a trocar socos nos piores desentendimentos. Elas parecem divertidas — tipo um reality show medieval! Quando as gêmeas tinham 34 anos, Mary ficou doente e morreu. A família suplicou para Eliza: "Nós temos que pelo menos tentar separar vocês, senão você também vai morrer". Mas Eliza se recusou a ser separada de Mary, a irmã morta, alegando: "Como chegamos juntas, também partiremos juntas". Seis horas depois, Eliza também estava morta.

As gêmeas ainda são celebradas na Páscoa em sua cidade natal, na Inglaterra, onde biscoitos com a imagem delas são distribuídos para residentes de baixa renda. Mas mesmo com uma história tão bem documentada, as Donzelas de Biddenden podem ser só isso — uma história, uma lenda. Se Mary e Eliza fossem unidas pelo quadril *e* pelo ombro, elas seriam o único caso registrado de gêmeas unidas em mais de uma parte.

Embora a sociedade tenha uma fascinação (muitas vezes inadequada) pela vida secreta de gêmeos siameses, eles são incrivelmente raros. Podemos vê-los em museus médicos e estrelando programas de televisão a cabo, mas não são tão comuns — um a cada 200 mil nascimentos. Esse tipo de gêmeos é tão raro que a comunidade científica ainda não entende ao certo o que faz gêmeos ficarem unidos fisicamente. Segundo a teoria mais popular, os gêmeos xifópagos começam como gêmeos idênticos. Os gêmeos idênticos começam como um único óvulo fertilizado que se divide em dois. Se esse óvulo não se dividir completamente, ou se demorar demais para se dividir, os gêmeos podem ficar unidos fisicamente. Outra teoria acredita no oposto: que gêmeos siameses são dois óvulos fertilizados que se fundem.

Apesar de não termos certeza de como a união de gêmeos siameses ocorre, nós sabemos que, quando acontece, o prognóstico é... ruim. Quase sessenta por cento dos gêmeos xifópagos vão morrer no útero antes do nascimento. Se os gêmeos nascerem vivos, há 35 por cento de chance de que não sobrevivam ao primeiro dia.

Se você fizer parte de um dos raros pares de gêmeos que saem do útero e chegam ao mundo vivos, sua chance de sobrevivência de longo prazo muitas vezes depende da parte do corpo que é unida. Por exemplo, gêmeos unidos pelo peito ou barriga (o caso da maioria dos gêmeos xifópagos) que compartilham algo como intestinos ou fígado têm bem mais chance de sobrevivência (e mais probabilidade de se qualificar para uma cirurgia de separação) do que os unidos pela cabeça.

Gêmeos xifópagos nascidos no século XXI costumam ser separados o mais rápido possível, antes de os bebês completarem um ano. Mas mesmo com os melhores cirurgiões, nos melhores hospitais, a doença ou morte de um gêmeo pode levar à morte do outro também.

Amy e Angela Lakeberg foram gêmeas xifópagas americanas nascidas em 1993, que dividiam um único coração (malformado) e tinham o fígado fundido. Os médicos sabiam que as garotas não tinham como sobreviver unidas, e a decisão foi sacrificar Amy para que Angela pudesse viver. Amy morreu na separação, mas Angela ficou ótima (por um tempo). Dez meses depois, houve acúmulo de fluido no coração e Angela também morreu. A cirurgia das gêmeas, junto com os cuidados hospitalares, custou mais de um milhão de dólares.

A ilha de Malta testemunhou um final mais feliz (apesar de não haver "finais felizes" quando bebês morrem) no ano 2000. Gracie e Rosie Attard nasceram compartilhando a coluna, a bexiga e boa parte do sistema circulatório. Mesmo quando gêmeos xifópagos têm órgãos separados, como dois corações ou dois pares de pulmões, os órgãos funcionam em sincronia. Se os órgãos de um gêmeo são bem mais fracos, o outro vai compensar. O coração de Rosie era fraco, e o coração de Gracie trabalhava pelas duas gêmeas. Mas o esforço era tanto que ameaçava provocar falência dos outros órgãos da Gracie. Se os órgãos dela parassem de funcionar, as duas morreriam.

Os médicos queriam separar as gêmeas e sacrificar Rosie, por acreditarem que só Gracie era forte o suficiente para sobreviver sozinha. Mas os Attards, pais da Rosie e da Gracie, eram católicos fervorosos. Eles não conseguiram aceitar o "sacrifício" da filha Rosie, por isso decidiram não separar as gêmeas e deixar as coisas "nas mãos de Deus". Mas um juiz e um apelo no tribunal decidiram contra os pais e declararam que a cirurgia aconteceria. Dois cirurgiões seguraram o bisturi quando a aorta foi cortada para que nenhum deles fosse responsável sozinho pela morte da Rosie. Gracie é agora uma garota saudável de 18 anos que mantém contato com os cirurgiões que executaram a cirurgia.

Separar bebês pode dar certo. É possível que um bebê (e cada vez mais, os dois bebês) cresça e tenha vida normal. Mas a separação se torna bem mais difícil conforme os gêmeos ficam mais velhos — fisicamente e também mentalmente. Gêmeos xifópagos compartilham um laço intenso que nem gêmeos regulares conseguem entender. Gêmeos adultos costumam dizer que preferem a vida junto com o irmão ou irmã. Margaret e Mary Gibb, nascidas no começo do século XX, eram alvo do desejo médico de serem separadas desde que nasceram, mas elas sempre recusaram. As insistências foram aumentando ao longo dos anos, principalmente depois que Margaret desenvolveu câncer terminal de bexiga que se espalhou pelos pulmões das duas gêmeas. Mas o par continuou recusando a separação, e as gêmeas morreram com poucos minutos de diferença, em 1967. Elas pediram para serem enterradas juntas em um caixão sob medida.

Talvez os gêmeos xifópagos adultos mais famosos tenham sido Chang e Eng Bunker. Originalmente do Sião (agora chamado Tailândia), os Bunkers foram a origem da expressão "gêmeos siameses". No fim da vida, Chang não estava bem, sofreu um derrame, tinha bronquite e um antigo problema com bebida. É preciso observar que Eng nunca bebeu. Ele também alegava não ficar bêbado e nem sentir os efeitos do álcool que Chang consumia.

Uma manhã, quando os gêmeos tinham 62 anos, o filho de Eng acordou os gêmeos adormecidos e descobriu que Chang tinha morrido. Quando ficou sabendo disso, Eng exclamou "Então eu também já vou!" e morreu só duas horas depois. Acredita-se que Chang morreu primeiro por causa de um coágulo sanguíneo, e que Eng morreu quando seu sangue foi enviado pela conexão com Chang e não voltou para o próprio corpo.

Há uma concordância generalizada de que Chang e Eng poderiam ter sido separados se tivessem nascido no século XX. Atualmente, alguns hospitais são conhecidos especificamente por esse tipo de separação. Mas nem a tecnologia de ponta pode garantir sucesso. Em 2003, as gêmeas iranianas, Ladan e Laleh Bijani, advogadas de 29 anos, unidas pela cabeça, morreram na cirurgia de separação. A equipe cirúrgica tinha modelos de realidade virtual, tomografias computadorizadas, ressonâncias magnéticas, toda tecnologia mais moderna à disposição. Mas o sistema elaborado não detectou uma veia escondida na base do crânio das gêmeas. A veia foi cortada, não conseguiram estancar o sangramento e as gêmeas morreram.

Portanto, a resposta deprimente à pergunta "Gêmeos xifópagos sempre morrem ao mesmo tempo?" é "De certa forma, sim". Desculpe, mas não quero dourar a pílula. A medicina está desenvolvendo uma nova tecnologia de imagem que pode nos ajudar a entender melhor o que acontece dentro de gêmeos xifópagos. Mas os gêmeos são ligados de formas (física e emocionalmente) que até a tecnologia mais moderna e mais cara vai ter dificuldade de detectar. Gêmeos xifópagos são gente de verdade, com vidas e personalidades de verdade. Bom, exceto talvez as Donzelas de Biddenden. Isso ainda está em questão.

Se eu morresse fazendo careta, minha cara ficaria assim para sempre?

VERDADES DO ALÉM-TÚMULO
Caitlin Doughty

Nós todos conhecemos a cena: uma criança correndo pela casa com os olhos vesgos, a língua para fora e o nariz puxado para cima como um focinho de porco. As mães, sem paciência, gritam atrás delas: "Se você ficar fazendo essa careta, vai ficar assim pra sempre!". Boa ameaça, mãe, mas não é verdade. Uma careta, até a mais maluca, sempre volta para o lugar. (Além do mais, mãe, há evidências médicas de que caretas são boas para a circulação.) Mas o que acontece se você morrer fazendo careta? Digamos que você tenha um ataque cardíaco quando está provocando sua mãe com uma careta horrenda. Essa vai ser sua cara por toda a eternidade?

A resposta é, em geral, não. Intrigante? Continue lendo.

Quando morremos, todos os músculos do corpo ficam frouxos — muito frouxos. (Você talvez lembre que é nessa hora que pode fazer um cocozinho post mortem.) Esse primeiro período de duas a três horas depois da morte é conhecido como relaxamento primário. "Relaxa, amor, não esquenta. Você morreu." E mesmo que estivesse fazendo uma careta boba quando morreu, os músculos faciais relaxam junto com todo o resto no relaxamento primário. Seu maxilar e suas pálpebras vão se abrir e suas juntas vão ficar molengas (sendo que "molengas" é o termo médico). Diga adeus à careta engraçada.

Se você ou sua família estão cuidando do seu morto em casa ou em uma clínica de repouso, nossa funerária recomenda aos familiares que fechem a boca e os olhos o mais rápido possível durante o relaxamento primário. Isso vai deixar o rosto com uma expressão pacífica desde cedo, antes do temido rigor mortis começar.

Rigor mortis é mais do que o nome de uma cobra que eu tinha. Rigor mortis é o nome latino para o enrijecimento dos músculos, que começa por volta de três horas depois da morte (às vezes mais cedo em ambientes muito quentes ou tropicais). Estudo rigor mortis há anos e ainda não estou certa de que entendo totalmente a ciência por trás disso. Os músculos do corpo precisam de ATP (trifosfato de adenosina) para relaxar. Mas o ATP precisa de oxigênio. O fim da respiração significa o fim do oxigênio, o que significa o fim do ATP, o que significa que os músculos se contraem e não conseguem relaxar. Essa mudança química, coletivamente chamada rigor mortis, começa em volta das pálpebras e do maxilar e se espalha por todos os músculos do corpo, até os órgãos. O rigor mortis deixa os músculos incrivelmente rígidos. Quando começa, o corpo não muda mais de posição. Os agentes funerários precisam massagear e flexionar as juntas e os músculos repetidamente para fazê-los se moverem, um processo chamado de "quebra do rigor mortis". Esse processo é barulhento, cheio de estalos e estouros. Mas não estamos quebrando ossos; os sons vêm dos músculos.

Assim como o livor mortis, o rigor mortis pode ser uma pista útil para a perícia. Uma mulher de 25 anos foi encontrada morta na Índia, deitada de costas. A um primeiro olhar, a equipe de investigação deve ter pensado que, quando viva, ela estaria fazendo ioga ou alongamento, considerando que as duas pernas e um braço estavam erguidos, parecendo desafiar a gravidade. A mulher ainda estava nessa posição quando foi levada para a autópsia.

Depois da investigação, a equipe forense desenvolveu uma teoria de que o assassino devia ter primeiro assassinado a mulher e depois decidido transportar o corpo para um local diferente. O assassino talvez tivesse colocado a mulher naquela posição estranha (quando ela ainda estava no relaxamento primário) para deslocar o corpo. Durante o transporte, em que ela podia estar no porta-malas de um carro ou em um saco, o corpo entrou em rigor mortis. Como expliquei, quando começa, o rigor vem com tudo. Assim, quando o assassino abandonou o corpo da mulher, ela ainda estava encolhida.

Será que podemos usar o rigor mortis para criar sua careta após a morte? Se você pedisse a uma pessoa amiga ou parente para deixar seu rosto de um jeito estranho durante o relaxamento primário, talvez ficasse assim na duração do rigor mortis. Mas acho que sua mãe não ia gostar da brincadeira. Pobre mãe. Você fica no pé dela até na morte!

Infelizmente, o rigor mortis acaba passando. Cada cadáver é diferente, e o ambiente tem um grande papel nos horários, mas depois de umas setenta e duas horas, os músculos ficam molengas de novo — assim como seu bico de pato.

Mas lembra quando falei que a resposta à sua pergunta era "em geral, não"? Bom, aqui temos o raro e fascinante "sim".

Há um fenômeno controverso nas ciências forenses chamado espasmo cadavérico, também conhecido como rigor instantâneo. O rigor instantâneo é exatamente o que parece. Acontece quando uma pessoa morre e pula o estágio do relaxamento muscular molenga, indo direto para o rigor mortis. Seria essa a brecha que estávamos procurando para manter sua careta boba durante e depois da sua morte?

Não vamos nos precipitar. Um espasmo cadavérico costuma afetar apenas um grupo de músculos, mais comumente os braços ou as mãos. Isso significa que seus braços podem ficar numa posição engraçada depois da morte. Algumas opções possíveis são braços de zumbi, braços "YMCA" ou braços de egípcio. Mas não sei se "braços pós-morte" bobos têm o mesmo efeito de uma "cara pós-morte" boba, como uma de língua pra fora e olhos esbugalhados, ou um focinho de porco com olhos vesgos.

Além disso, o espasmo cadavérico costuma acompanhar uma morte estressante. Estamos falando de convulsão, afogamento, asfixia, eletrocussão, um tiro na cabeça. Já foi observado em soldados que levaram tiro em batalha, ou em pessoas que morreram depois de um breve período de luta intensa. Não parece uma situação tranquila e, sinceramente, não quero esse tipo de morte ruim para você, jovem.

Não vejo como sua careta pode ficar assim para sempre. Tentei ajudar, mas a ciência não colaborou. Além do mais, você devia parar de atormentar sua pobre mãe.

Podemos fazer um funeral viking para a vovó?

VERDADES DO ALÉM-TÚMULO
Caitlin Doughty

A vovó queria um funeral viking? Se sim, sua avó parece bem maneira, pena que não a conheci.

Infelizmente, tenho péssimas notícias. Não é só a vovó que está morta, mas os "funerais vikings", ao menos a versão deles em Hollywood, não são reais. Você está visualizando a vovó, uma guerreira caída, o corpo embrulhado e colocado solenemente num barco de madeira. Suas tias empurram a nobre embarcação para o mar. Sua mãe puxa o arco, uma flecha chamejante corta o céu, acerta a vovó e bota fogo no corpo. Ela arde com tanto brilho quanto tinha em vida.

Mas isso não passa de uma invenção para lá de inventada.

Como pode ser invenção? Chama-se funeral viking porque, dã, era o que os vikings faziam. Bom, não. Os vikings, os invasores e comerciantes escandinavos medievais favoritos de todo mundo, tinham rituais de morte diversificados e interessantes, mas um barco crematório em chamas não era um deles. Eis alguns rituais que realmente aconteciam. Os vikings faziam cremações — em terra. Às vezes a pira crematória era construída em meio a pedras enfileiradas e empilhadas no formato de um barco (que pode ter sido de onde essa ideia nasceu). Se a pessoa morta fosse muito importante, o barco todo podia ser levado para a terra e usado como caixão, o que era conhecido como enterro no navio ou no barco. Mas nada de cruzeiro crematório com uma flecha flamejante.

E já aviso: sempre que tentar explicar com muito tato a imprecisão histórica da ideia do cadáver de alguém num barco em chamas, você vai ouvir falar do "tal Ahmad ibn Fadlan". O tal Ahmad ibn Fadlan é a pessoa na internet que insiste que a versão hollywoodiana das cremações em barcos é real. O tal AiF passa muito tempo argumentando sobre isso e sustenta o caso com escritos de um homem chamado Aḥmad Ibn Faḍlān, um viajante e escritor árabe do século x. Aḥmad Ibn Faḍlān é conhecido por ter documentado os rus — comerciantes vikings germânicos do norte. Ibn Faḍlān é uma fonte histórica problemática, em parte porque era um observador tendencioso. Por exemplo, ele achava que os vikings eram "exemplares físicos perfeitos", mas era abertamente hostil em relação à higiene deles. Suas crônicas mencionam um ritual elaborado de cremação que os rus executaram para um dos líderes.

De acordo com Ibn Faḍlān, os rus colocaram o líder em um túmulo temporário por dez dias. Como o líder era muito importante, seu povo puxou um dracar inteiro para a terra e o colocaram em cima de uma plataforma. Uma mulher mais velha, encarregada do ritual e conhecida como Anjo da Morte (espere aí, Ibn Faḍlān: quero saber mais sobre essa mulher Anjo da Morte), fez uma cama para o líder dentro do barco. O líder foi tirado do túmulo, vestido e colocado na cama com todas as suas armas ao redor. Seus parentes chegaram com tochas acesas e botaram fogo no barco, e a coisa toda, junto com a plataforma de madeira, pegou fogo. Importante: isso tudo acontece em terra.

Quem vai saber como esse boato começou? Os vikings tinham cremações elaboradas! Tinham barcos! Só não tinham barcos crematórios.

Sei o que você está pensando: "Beleza, tudo bem, então meu plano de morte tem uma certa imprecisão histórica. Eu não sabia tanto assim sobre história nórdica. Vamos em frente com o barco em chamas!". Não tão rápido, mestre da piromania post mortem. O motivo para nenhuma cultura ter adotado o costume do barco funerário em chamas é porque não funciona.

Eu já vi uma pira funerária a céu aberto. Os primeiros quinze minutos depois que o fogo é aceso são impressionantes. A fumaça envolve o cadáver e chamas vermelhas se projetam do corpo. Dá para entender por que Hollywood diria: "Nós amamos essa cena com a pira ardente, mas — preste atenção — e se estivéssemos num barco?". A questão é a seguinte: depois desses primeiros quinze minutos de chamas gloriosas, você ainda precisa de várias horas e muita madeira para cremar completamente o corpo. Uma canoa comum tem uns cinco metros. Poderia transportar madeira suficiente para iniciar a pira, mas sei de fontes confiáveis (o pessoal da pira crematória me contou) que uma cremação inteira exige cerca de um metro cúbico de madeira. O fogo tem que chegar a 650 graus e permanecer assim por duas ou três horas. É preciso ficar acrescentando madeira perto do corpo durante toda a cremação. Mesmo com uma pilha alta de lenha, um barco viking de cinco metros não seria capaz de transportar a quantidade de madeira necessária. O fogo provavelmente abriria um buraco no barco antes de ficar quente o bastante para queimar o cadáver, e por isso a ideia toda continua sendo ineficaz. Quando o barco da morte queima muito rápido, o que resta? Um corpo meio queimado boiando nas águas locais. O romance histórico seria destruído se o corpo da vovó fosse parar na margem durante o piquenique de alguma família.

Sei que é má notícia, e odeio ser a agente funerária a dar todas as más notícias. Então, tenho algumas sugestões do que você pode fazer.

Um: Leve a vovó para ser cremada em uma máquina crematória comum, chamada retorta. Você pode ver o corpo da vovó ser colocado na máquina e entoar cânticos nórdicos de batalha enquanto aperta o botão para acionar as chamas. Isso se chama cremação com testemunhas. Depois, você pode pegar os restos cremados, colocar em um barquinho viking, botar fogo nele e depois jogar em um corpo d'água. Enquanto o barquinho queima, as cinzas vão se espalhar na água. (Observação: não estou defendendo que botem fogo nas coisas em corpos de água públicos. Só estou dizendo, hipoteticamente, que poderia ser legal.)

Dois: Verifique se as unhas das mãos e dos pés da vovó estão bem cortadas. De acordo com o folclore nórdico, uma coisa sombria chamada Ragnarök vai acontecer e terminar em uma grande batalha, na qual os deuses vão morrer, e o mundo será destruído. Durante a batalha, um exército vingativo vai chegar em um navio gigante chamado *Naglfar*, ou navio de unhas. Isso mesmo, um navio de batalha inteiro feito de unhas das mãos e dos pés de gente morta. Portanto, se você não quer que as unhas da vovó contribuam para o fim do universo, pegue a tesoura e clique-clique. Se você seguir esses passos, claro, vai continuar não sendo um "funeral viking", mas pelo menos você terá um barco em chamas e um serviço heroico de manicure.

Por que os animais não cavam todos os túmulos?

VERDADES DO ALÉM-TÚMULO
Caitlin Doughty

Depende de que tipo de túmulo estamos falando. Quando enterramos um bichinho da família — como o gato, o cachorro ou o peixe (se tiver escapado de descer pela descarga rumo ao além) —, é possível que outro animal selvagem, como um coiote, possa cavar o túmulo. O coiote não está participando de um ritual de violação de túmulo, só está procurando uma refeição grátis. Não é culpa do coiote sua família ter feito um buraco de apenas trinta centímetros para o Fido. (Pois é, isso não é fundo o bastante.)

Quando um animal começa a se decompor debaixo do solo, ele produz compostos de um odor muito pungente, chamados cadaverina e putrescina. São nomes compostos derivados de "cadáver" e "pútrido" — adorável, né? Para um animal detritívoro, que se alimenta de carniça, os compostos da decomposição têm um tremendo cheiro de jantar. Se eles acharem que tem uma refeição a uma cavadinha de distância, é possível que tentem obtê-la.

Tem uma solução simples para isso: cave um pouco mais fundo (revelarei o quanto em um segundo) no lugar escolhido para o descanso final do Fido.

Mas e os cemitérios humanos? Há cemitérios em quase todas as cidades, mas raramente vemos animais detritívoros rondando esses lugares e cavando em busca de cadáveres frescos para comer.

Isso não quer dizer que seja impossível. Em partes remotas da Rússia e da Sibéria, guardas armados precisaram ficar de vigília em cemitérios depois que ursos negros e pardos entraram em alguns para cavar restos humanos. Em uma história memorável, duas aldeãs pensaram que estavam vendo um homem com um casaco de pele enorme curvado sobre o túmulo da sua amada. Errado: era um urso comendo um cadáver que tinha desenterrado. Foi mal, moças.

Outra história recente de Bradenton, Flórida, envolve vizinhos que repararam em rastros de cachorros ou coiotes em volta de alguns túmulos num cemitério local. Havia buracos recentes cavados que deixavam escapar um cheiro horrível. Sacos de corpos emergiam da terra.

Mencionei essas duas histórias de terror para deixar uma coisa importante bem clara: são exceções que provam a regra. Na maior parte das vezes, animais não cavam onde há túmulos humanos. Há muitos motivos para isso. Primeiro, a quantidade correta de terra colocada por cima do corpo cria uma barreira para os odores. Segundo, a terra não só encobre o odor forte, mas funciona ativamente para decompor o corpo, deixando para trás um esqueleto sem cheiro. A terra é mágica.

A verdadeira pergunta é: qual é a profundidade ideal para um túmulo? Só por segurança, não deveríamos enterrar todos os nossos humanos a sete palmos, nos caixões mais pesados que pudermos fazer, e protegê-los em bunkers subterrâneos de concreto? Não, porque os benefícios mágicos da terra são mais mágicos (usando o termo científico aqui) perto da superfície. É lá que encontramos o maior número de fungos, insetos e bactérias que decompõem eficientemente um corpo humano até virar esqueleto. Se enterrarmos um corpo muito a fundo, o solo fica estéril. A camada superior tem mais oxigênio, o que significa que o corpo pode virar uma árvore... um arbusto... ou uma plantinha, pelo menos. Para promover a "união com a terra", é importante estar o mais perto possível da superfície.

Então qual é o meio-termo? Tem pessoas que argumentam que um corpo precisa ser enterrado a 1,80 metro, mas há também os que argumentam que trinta centímetros de terra bastam para criar uma barreira para os odores. Acho que um metro é um bom meio-termo. "Um metro debaixo do chão pra não virar refeição!", como dizem por aí. (Não dizem isso por aí, só para você saber.) Essa profundidade cria uma barreira de odores de pelo menos sessenta centímetros acima do cadáver, enquanto mantém os benefícios da terra maravilhosa para a decomposição perto da superfície. Um metro é o padrão em cemitérios naturais nos Estados Unidos e houve zero relatos de animais cavando túmulos.

Sinceridade total: mesmo estando enterrado embaixo de sessenta a noventa centímetros de terra, ainda é possível que animais sintam seu cheiro. De vez em quando, pegadas de animais (como coiotes) são vistas perto de túmulos, como se eles dissessem: "Ora, ora, o que temos aqui?". Mas eles não cavam porque é trabalho demais. Pense assim: por que compro Taco Bell no drive-thru em vez de preparar uma caçarola de espinafre e couve kale com ingredientes orgânicos direto da feira no jantar? Se um animal detritívoro conseguir comida em outro lugar, não compensa para ele cavar sessenta centímetros de terra e tentar arrancar sua bunda humana gigante do buraco. Animais detritívoros têm outras coisas com que se preocupar, como proteger seu território e a si mesmos. Eles não têm tempo e nem energia para cavar um buraco enorme só pra lanchar seu fêmur. Além do mais, animais como coiotes e ursos não são fisicamente adequados para cavar tão fundo.

Então, por que os ursos na Sibéria estavam no cemitério? Desconfio que os túmulos não eram fundos o bastante. O solo costuma ficar congelado tão ao norte assim. Se for mais fácil para um urso (que, lembre-se, não tem grandes patas para cavar) desenterrar o cadáver do vovô em vez de caçar, é porque os túmulos não são muito fundos. E bem mais importante: os ursos estavam passando fome. Os cogumelos e frutas silvestres (e ocasionais sapos, ao que parece) que costumam formar sua dieta normal estavam com baixa oferta. Os ursos começaram invadindo os cemitérios atrás de comida que as famílias deixavam como oferenda ao lado dos túmulos. Eles comiam de tudo, de biscoitos a velas, o que conseguissem encontrar para sobreviver. Só depois de consumir toda comida de fácil acesso foi que os ursos passaram a cavar em busca de corpos.

E o cemitério na Flórida? Por que havia túmulos novos, cheiros horríveis e sacos de corpos nesse cemitério antigo e abandonado? Acontece que os túmulos tinham sido cavados por uma funerária local para enterrar pessoas em situação de rua. E como o cemitério "abandonado" não tinha supervisão do governo, a funerária supostamente enterrou os corpos em túmulos muito rasos. Depois disso, o diretor botou placas de cimento por cima dos túmulos. Que bom que não há ursos em Bradenton, Flórida![1]

Vou terminar com uma aula sobre texugos que desenterraram ossos medievais. Na Idade Média, as pessoas eram enterradas do lado de fora (e até dentro) das igrejas — muita, muita gente. Os restos humanos deveriam ter sido removidos de uma igreja inglesa específica do século XIII, nos anos 1970. Mas não tinham sido todos removidos. Descobrimos isso porque texugos invadiram o local e começaram a cavar buracos e redes de túneis em meio aos ossos antigos, trazendo pélvis e fêmures para a superfície. Alguém tinha que parar aqueles texugos! Ops, não dava. Na Inglaterra é ilegal matar essas criaturas peludas ou mesmo afetar suas tocas. Graças ao Ato de Proteção ao Texugo (sim, isso existe), quem fizer isso tem que enfrentar seis meses de prisão e multas altíssimas, mesmo por tentativa de agressão a um texugo. Os funcionários da igreja tiveram que pegar os ossos, fazer uma oração e enterrá-los novamente. A lição aqui é que, mesmo permanecendo em seu túmulo por quase mil anos, nunca se sabe quando você será desenterrado por um texugo sem lei.

---

1   Acontece que há, sim, mas são *muito* raros.

O que aconteceria se alguém engolisse um saco de milho de pipoca antes de morrer e fosse cremado?

VERDADES DO ALÉM-TÚMULO
Caitlin Doughty

Tenho uma leve desconfiança de que você fez essa pergunta por causa de um meme que tem aparecido em todos os cantos nos últimos anos. É a imagem de um saco de pipoca de cinema com as palavras: "Logo antes de morrer, vou engolir um saco de milho de pipoca. A cremação vai ser épica".

Eu entendo. Você quer se destacar, ser diferente, mesmo depois da morte. Você é um brincalhão excêntrico, Tim! Seria "tããão a cara do Tim" engolir milho de pipoca antes de morrer. Assim, quando você for colocado na máquina crematória, o milho vai estourar que nem fogos de artifício e brotar do seu cadáver, daí o operador, em choque, vai dar um pulo antes de admitir: "Isso foi tããão a cara do Tim! Você me pegou, Tim!".

Olha, não vai dar certo, Tim. Por muitos motivos. Primeiro de tudo, você acha que vai estar no seu leito de morte, fraco, os órgãos parando de funcionar, sem ingerir comida sólida por semanas, e de repente vai ficar a fim de levar um saco de milho de pipoca escondido para a casa de repouso e engolir o que equivale a uma tigela de bolas de gude pequenininhas? "Desculpe, meu amor, por mais que eu queira sussurrar meu último 'eu amo você' enquanto dou meu último suspiro, primeiro tenho que engolir esse saco inteiro de milho." Não vai rolar.

Mesmo que conseguisse engolir um saco inteiro de milho, você sabe como uma máquina crematória funciona? Esse meme se tornou popular porque a maioria das pessoas não sabe como é um crematório e nem como o processo acontece. Para a pegadinha da pipoca funcionar, você tem que acreditar que o corpo do Tim se abriria no meio da cremação, liberando toda a pipoca. Tem que acreditar também que um único saco de pipoca de micro-ondas vai criar ondas e ondas de pipoca, como quando colocam sabonete em chafarizes decorativos na escola e a espuma se espalha pelo pátio todo. (Pelos meus cálculos, você teria que engolir pelo menos o equivalente a uns quatro litros de milho para criar uma onda impressionante quando começar a pipocar.) A outra parte da piada é que o barulho ensurdecedor da pipoca estourando vai chocar o operador do crematório a ponto de ele pensar que o lugar está sendo atacado.

Há dois motivos para isso nunca acontecer. (Há incontáveis motivos para não acontecer, mas vamos nos concentrar nestes dois.)

Um: Cremações acontecem em máquinas de catorze toneladas com queimadores enormes, câmaras de combustão e uma porta grossa de metal que isola o cadáver dentro da câmara de tijolos. A máquina de cremação é barulhenta. Muito barulhenta. Mesmo que você tivesse levado 47 sacos de milho para dentro de uma, não seria possível ouvi-los estourando do lado de fora.

Dois: O mais importante é que, mesmo que desse para ouvir a pipoca estourando, isso não tem importância, porque não vai estourar! Qual é a maior reclamação que todo mundo faz sobre pipoca? Todos os milhos que não estouraram e ficaram queimados no fundo. As condições precisam ser ideais para estourarmos uma deliciosa tigela de pipoca. Os grãos de milho têm que estar secos na medida certa, e não estariam se estivessem sendo digeridos pelo seu estômago, um ambiente úmido e comprimido.

Equipes de pesquisa (engenheiros usando análise termodinâmica... estou falando sério) descobriram que a temperatura ideal para estourar pipoca é de 180 graus Celsius. Se você está estourando milho em óleo no fogão, o óleo deve estar a uns 205 graus. Se a temperatura ficar muito mais alta, a pipoca vai queimar antes de ter a chance de estourar. A temperatura média de uma máquina crematória é de 926 graus Celsius. É mais do que o triplo da temperatura na qual a pipoca teria que ser estourada. Além do mais, uma coluna de chamas dispara do teto e acerta o peito e o estômago. Os grãos de milho só ficariam pretos e desapareceriam sem deixar rastros — como os outros tecidos moles do corpo.

Não me sinto tão mal por ter estragado sua pegadinha, Tim. Afinal, qual era o motivo de você tentar pregar uma peça em quem opera o crematório? Como alguém que trabalhou como operadora de crematório quando eu tinha vinte e poucos anos, posso dizer que é um trabalho difícil. É sujo, quente, e você fica na companhia de cadáveres e famílias chorosas o dia todo. O operador do crematório não precisa da sua brincadeira, Tim!

Mas se você estiver determinado a criar explosões que pudessem ser ouvidas pela pessoa que opera o crematório, e que levaria um baita susto, não deixe milho de pipoca no seu corpo. Tente deixar um marca-passo. (Observação: eu realmente não recomendo fazer isso. Estou fazendo uma piada. Viu? Eu também sei fazer piada, Tim.)

Um marca-passo ajuda pessoas vivas a controlarem seus batimentos cardíacos, acelerando e desacelerando o coração se necessário. É uma coisinha linda, do tamanho de um biscoitinho, que é basicamente uma bateria, um gerador e uns fios implantados (por cirurgia) no corpo. Pode salvar sua vida se o coração falhar. Mas se não for removido do corpo antes da cremação, o marca-passo pode virar uma pequena bomba.

Antes de eu colocar um corpo na máquina crematória, além de verificar a papelada para ver se a pessoa tinha marca-passo, eu também dou umas cutucadas na área acima do coração. Se encontrar algum, o marca-passo vai ter que ser removido. Não se preocupe, a pessoa está morta, ela não vai se importar. E marca-passos não são uma coisa rara. Mais de 700 mil pessoas por ano colocam um. Portanto, não é surpreendente que alguns marca-passos passem despercebidos e entrem na máquina com o corpo.

Se isso acontecer, o calor altíssimo pode provocar uma reação química inflamável que faz o marca-passo explodir. Sabe a energia da bateria? A energia que alimentou o marca-passo durante anos? Bam! É liberada em um segundo. Há uma explosão, que pode apavorar ou ferir quem estiver operando o crematório, principalmente se a pessoa estiver espiando dentro da máquina para verificar a cremação no mesmo momento. A explosão também pode quebrar a porta da máquina ou danificar os tijolos lá dentro.

Espero que você nunca precise de um marca-passo, Tim. Mas também espero que suas pegadinhas post mortem sejam mais tranquilas. Que tal programar uma postagem no Twitter para duas semanas depois que você morrer? Uma postagem dizendo: "A cada passo que você der, estarei de olho". Isso vai dar um susto em todo mundo.

Quando uma casa está sendo vendida, o dono tem que contar ao comprador se alguém morreu lá?

VERDADES DO ALÉM-TÚMULO
Caitlin Doughty

Enquanto escrevo, há condomínios de luxo novinhos sendo construídos no meu bairro em Los Angeles. São caros demais e não muito atraentes (imagine um Tupperware branco e gigante), mas podemos ter certeza de que ninguém morreu dentro de um dos apartamentos. Ainda.

Dica de profissional: se você estiver decidido a morar em um lugar em que ninguém morreu, compre uma casa nova. Preferivelmente uma que você viu sendo construída. Porque a verdade é que se você for morar em um encantador bangalô de antes da guerra ou em uma grande mansão vitoriana, é possível que você esteja vendo televisão e comendo pipoca onde alguém deu o último suspiro. E ninguém precisa informar sobre isso.

As leis variam de lugar para lugar sobre o que o vendedor de uma casa precisa contar ao comprador. Falando de um modo geral, se alguém teve uma "morte pacífica" em uma casa (no sentido de não ter sido vítima do impulso enlouquecido de um assassino da machadinha), o vendedor não precisa contar ao comprador. O mesmo vale para mortes acidentais (como cair de uma escada) e suicídios. E nenhum lugar dos Estados Unidos exige que os vendedores relatem mortes relacionadas a HIV ou AIDS. Em alguns casos, o vendedor será aconselhado a não revelar que uma morte ocorreu, pois pode provocar estigmatização desnecessária da propriedade. Nenhum vendedor quer a mente do comprador tomada por visões de cenas nojentas de crime e torrentes de sangue — como o elevador em *O iluminado* — nem, sabe como é, por fantasmas.

A morte já aconteceu em muitas casas, mais casas do que você deve imaginar. *Talvez na casa em que você está lendo este livro.* Lembre que as pessoas costumavam morrer em casa, não em hospitais ou em casas de repouso, então, se sua casa existe há cem anos ou mais, é bem provável que tenha havido alguma morte entre suas paredes.

Se uma pessoa morreu pacificamente em casa, ela deve ter sido cuidada por entes queridos ou enfermeiros. Depois da morte, o cadáver foi removido da casa antes que a putrefação intensa começasse. Esses tipos de morte não rendem histórias de fantasmas.

Mesmo que, por algum motivo, *tenha* ocorrido putrefação intensa, uma equipe habilidosa de limpeza pode deixar o ambiente tão novinho em folha que você nunca saberia que já houve um cadáver se decompondo no mesmo ambiente que serve de antro masculino da casa.

Por exemplo, uma amiga minha, que vou chamar de Jessica, morava em um apartamento no quinto andar em Los Angeles. Em uma primavera, ela sentiu um cheiro estranho pelo apartamento. Num primeiro momento, ela achou que só precisava limpar a caixa do gato melhor.

Não demorou para ficar claro que o cheiro estava vindo do apartamento diretamente abaixo do dela. Um homem morreu sozinho em casa e ninguém encontrou o corpo durante duas semanas. O cheiro de "cocô de gato" era decomposição passando pelo piso do prédio antigo. As autoridades foram chamadas e o corpo foi removido.

Jessica, sem conseguir se controlar, desceu pela escada de incêndio para espiar pelas janelas abertas do apartamento do morto. Ela viu o que restou do vizinho depois que o necrotério levou o corpo. Uma mancha preta densa se espalhava pelo chão, e alguns vermes se remexiam no líquido.

Não, é claro que você não ia querer alugar o apartamento naquelas condições. Mas, alguns meses depois, o apartamento foi vistoriado — tudo foi deixado brilhando de limpo — e alugado de novo. Jessica conheceu as pessoas que se mudaram e perguntou se estavam gostando do novo apartamento. Os vizinhos estavam felizes, sem reclamações de cheiros nem nada. Jessica decidiu não dizer uma palavra sobre o antigo vizinho.

Os novos moradores sabiam que tinha havido uma morte no apartamento? Legalmente, qualquer pessoa que coloca um apartamento para alugar na Califórnia precisa revelar se houve alguma morte no imóvel nos três anos anteriores. A Califórnia é um dos únicos estados com uma lei tão específica. Se, mais tarde, quem foi morar no apartamento passar a se sentir prejudicado pela morte na casa onde vive, é possível abrir um processo. Portanto, revelar a morte de antemão, antes do acordo de locação, é a única forma de se proteger de um processo. Mas é possível que o senhorio de Jessica não conhecesse a lei (ou a ignorou) e nunca disse nada.

Vale comentar que, em alguns estados americanos, como a Geórgia, quem aluga um apartamento só precisa contar sobre uma morte recente *se você perguntar*. Mas, se você perguntar, a pessoa tem que responder a verdade. É parecido com aquela coisa de que um vampiro só pode entrar na sua casa se você convidar. A moral da história da Jessica é que, se você estiver com medo de que tenham ocorrido mortes recentes na sua potencial casa nova, é melhor perguntar.

Perguntar deve ser suficiente na maioria dos lugares, mas não todos. (Oregon, estou olhando para você.) Em Oregon, não importa quando e nem como a pessoa morreu; ninguém tem que revelar nada. Incluindo mortes brutais e violentas. Assassinato, suicídio, morte pacífica — é tudo a mesma coisa no Estado dos Castores.

Em jargão imobiliário, o que importa é uma coisa chamada "fatos materiais". Os fatos materiais são coisas que podem afetar o desejo de compra de uma propriedade. Em geral, são coisas como rachaduras na base ou problemas estruturais invisíveis. Dependendo do estado em que você estiver, uma morte violenta, tipo assassinato, pode cair na categoria de fato material, o que quer dizer que precisa ser revelada. Mas mortes pacíficas ou acidentais não costumam ser consideradas fatos materiais.

Ter sido o local de um assassinato violento pode transformar uma casa em "propriedade estigmatizada" — ou seja, uma casa com "má reputação". O mesmo vale para relatos de crimes violentos ou até de assombração. Quem está vendendo não deve querer revelar sobre o homicídio triplo que aconteceu lá em 2008, mas, se não contarem e você descobrir pela vizinhança (a casa tem "má reputação", entende?), é possível romper o contrato ou abrir um processo. Lembrando que isso vai depender do estado em que você se encontra.

A melhor coisa que posso dizer é para você ficar à vontade com o fato de que um dia poderá morar numa casa ou apartamento onde alguém morreu. Você vai ficar bem. Minha mãe é corretora de imóveis e acabou de vender uma casa em que a antiga dona de 90 anos morreu. Minha mãe contou aos potenciais compradores (porque sabia que a vizinhança contaria se ela não contasse), e a família foi para casa pensar. Eles voltaram e quiseram comprar a casa mesmo assim, pois a mulher devia amar tanto a casa que quis morrer nela.

Espero morrer pacificamente em casa e não planejo ficar nela para assombrá-la. Mas, se você ainda morre de medo de alguém ter morrido no seu próximo domicílio em potencial, se acostume a ter esse tipo de conversa com quem vende ou aluga.

A não ser que você esteja no Oregon.

E se cometerem um erro e me enterrarem quando eu estiver só em coma?

VERDADES DO ALÉM-TÚMULO
Caitlin Doughty

Bom, só para deixar claro, você *não* quer ser enterrado vivo, certo? Entendi.

Para sua sorte, você não vive nos Velhos Tempos! Nos Velhos Tempos (antes do século xx), os médicos tinham um registro nada impecável quando se tratava de declarar pessoas como mortas. Os testes usados para determinar se alguém estava morto de verdade não eram só de baixa tecnologia, eram horrendos.

Para sua diversão, eis uma amostra divertida dos testes de morte:

- Enfiar agulhas debaixo das unhas dos pés, no coração ou na barriga.
- Cortar os pés com facas ou queimá-los com ferro quente.
- Enemas de fumaça para vítimas de afogamento — alguém "soprava fumaça no seu ânus" para ver se você se aqueceria e começaria a respirar.
- Queimar a mão ou cortar um dedo fora.

E o meu favorito:

- Escrever "Eu morri mesmo" com tinta invisível (feita com acetato de chumbo) em um pedaço de papel e levar o papel até o rosto do cadáver em questão. De acordo com o inventor desse método, se o corpo estivesse em putrefação, haveria emissão de dióxido de enxofre, fazendo com que a mensagem se revelasse. Infelizmente, o dióxido de enxofre também pode ser exalado por pessoas vivas, como alguém com dentes podres. Portanto, é possível que tenha havido alguns falsos positivos.

Se você acordasse, respirasse ou reagisse de forma visível a esses "testes" — aleluia! —, era sinal de que não tinha morrido. Mas podia estar ferido. E aquela agulha enfiada no seu coração poderia matar você.

E as pobres almas que não foram submetidas à bateria de perfurações, cortes e enemas, mas eram admitidas como cem por cento mortas e enviadas para o túmulo?

Vejamos a história de Matthew Wall, um homem vivo (sim, *vivo*) em Braughing, Inglaterra, no século XVI. Acharam que Matthew estava morto, mas ele teve sorte, pois os camaradas que o carregavam a caminho do enterro escorregaram em folhas molhadas e derrubaram o caixão. A história conta que, quando o caixão foi derrubado, Matthew acordou e bateu na tampa para ser libertado. Até hoje, no dia 2 de outubro comemora-se o Old Man's Day, em homenagem ao despertar de Matthew. A propósito, ele viveu *mais 24 anos.*

Com histórias assim, não admira que certas culturas sofressem de grave tafofobia, que é o medo de ser enterrado vivo. Matthew Hall foi um sortudo por seu "corpo" não ter chegado ao túmulo, mas Angelo Hays não teve essa sorte.

Em 1937 — certo, 1937 não é tão Velhos Tempos assim, mas pelo menos é um ano bem anterior ao seu nascimento —, Angelo Hays, da França, sofreu um acidente de motocicleta. Quando os médicos não conseguiram encontrar pulsação, ele foi declarado morto. Foi enterrado rapidamente e nem seus pais tiveram permissão de ver o corpo desfigurado. Angelo teria permanecido enterrado se não fosse a desconfiança da empresa de seguro de vida de que houvera fraude.

Dois dias depois de enterrado, Angelo foi exumado para que pudesse haver uma investigação. Ao inspecionar o "cadáver", descobriram que o corpo ainda estava quente e que Angelo vivia.

A teoria é que Angelo estava em coma profundo, o que desacelerou muito sua respiração. Foi a respiração lenta que permitiu que ele sobrevivesse enterrado.[1] Angelo se recuperou, viveu uma vida plena e até inventou um "caixão seguro", com transmissão de rádio e privada.

Com sorte, se você entrar em coma atualmente, no século xxi, há muitas, muitas formas de ter certeza de que você morreu de verdade antes do deslocamento para o enterro. Mas embora os testes possam demonstrar que está tecnicamente com vida, seu novo status trará pouco consolo para você e seus parentes.

A imprensa e a televisão jogam por aí termos como "coma" e "morte cerebral" de forma intercambiável. "Chloe era meu verdadeiro amor, mas agora ela nunca vai acordar do coma. Preciso decidir se vou desligar os aparelhos." Essa versão hollywoodiana da medicina pode dar a impressão de que as duas condições são a mesma coisa e deixam a pessoa à beira da morte. Não é verdade!

Entre as duas, o que você não iria querer é o estado de morte cerebral. (Quer dizer, nenhuma das duas opções é boa, para ser sincera.) Uma vez em estado de morte cerebral, não há volta. Além de perder todas as funções cerebrais superiores, que são responsáveis por suas lembranças e comportamentos e permitem que você pense e fale, você também perde todas as coisas involuntárias que a parte inferior do seu cérebro faz para manter as pessoas vivas, como controlar o coração, a respiração, o sistema nervoso, a temperatura e os reflexos. Há muitas ações biológicas controladas pelo cérebro para que você não precise ficar lembrando o tempo todo: "Ficar vivo, ficar

---

[1] Se uma pessoa for enterrada viva e respirar normalmente, é provável que ela acabe sufocando até morrer. É possível viver do ar em um caixão por pouco mais de cinco horas, no máximo. Se essa pessoa começar a hiperventilar, se entrar em pânico por ter sido enterrada viva, o oxigênio provavelmente vai acabar mais rápido.

vivo...". Uma pessoa em estado de morte cerebral tem essas funções executadas por equipamentos de hospital, como respiradores e cateteres.

Não é possível se recuperar de uma morte cerebral. Essa questão não é nenhum quebra-cabeça (piada com cérebro): ou você se encontra em estado de morte cerebral ou não. Quando está em coma, por outro lado, você está legalmente bem vivo. No coma, ainda há funcionamento cerebral, que a equipe médica pode avaliar pela observação da atividade elétrica e pela sua reação a estímulos externos. Em outras palavras, seu corpo continua respirando, seu coração continua batendo etc. Melhor ainda, é possível se recuperar de um coma e voltar à consciência.

Tudo bem, mas e se o coma for muito, muito profundo? Alguém pode acabar desligando os aparelhos e me mandando para o necrotério? Vou ficar na prisão de um caixão e também na *prisão da minha mente*?

Não. Atualmente temos uma bateria inteira de testes científicos para confirmar que uma pessoa não está só em coma, mas em um verdadeiro estado de morte cerebral.

Esses testes incluem, mas não somente:

- ⮎ Verificar se as pupilas estão reativas. Quando uma luz forte é apontada para os olhos, elas se contraem? Os olhos das pessoas em morte cerebral não fazem nada.
- ⮎ Passar uma haste de algodão pelo seu globo ocular. Se piscar, você está vivo!
- ⮎ Testar seu reflexo de engasgo. Seu tubo de respiração pode ser enfiado e retirado da garganta para ver se você engasga. Pessoas mortas não engasgam.
- ⮎ Injetar água gelada no seu canal auditivo. Se fizerem isso com você e seus olhos não virarem rapidamente de um lado para o outro, a coisa não está boa.
- ⮎ Verificar sua respiração espontânea. Se você for retirado do respirador, o CO_2 aumenta no seu organismo, acabando por provocar sufocamento. Quando o nível

de CO_2 no sangue chega a 55 mm Hg, o cérebro humano costuma mandar o corpo respirar espontaneamente. Se isso não acontecer, o tronco cerebral está morto.

~ Um EEG, ou eletroencefalograma, o teste do tudo ou nada. Ou há atividade elétrica no seu cérebro ou não há. Cérebros mortos têm zero atividade elétrica.

~ Um exame do fluxo sanguíneo no cérebro. Um isótopo radioativo é injetado na corrente sanguínea. Depois de um tempo, um contador de radioatividade é colocado acima da cabeça para ver se o sangue está fluindo para o cérebro. Se houver fluxo de sangue para o cérebro, ele não pode ser classificado como morto.

~ Administrar atropina IV. Os batimentos do coração de um paciente com vida aceleram, mas os de um paciente com morte cerebral não mudam.

Uma pessoa precisa falhar em *muitos* desses exames para ser declarada em estado de morte cerebral. E mais de um médico precisa confirmar essa morte cerebral. Só depois de incontáveis testes e um exame físico detalhado é que se vai de "paciente de coma" a "paciente em estado de morte cerebral". Atualmente, não é só um cara com uma agulha em cima do seu coração e "Eu morri mesmo" escrito num pedaço de papel.

É muito improvável que seu cérebro vivo passe despercebido e você seja levado do hospital estando em coma. Mesmo que acontecesse, nenhum responsável por uma funerária ou legista que conheço é incapaz de diferenciar uma pessoa viva de um cadáver. Depois de ter visto milhares de cadáveres durante a minha carreira, posso garantir: pessoas mortas estão bem mortas de uma forma bem previsível. Não que minhas palavras sejam muito reconfortantes. Ou científicas. Mas tenho confiança ao dizer que isso não vai acontecer com você. Na sua lista de "Jeitos bizarros de morrer", pode botar "ser enterrado vivo — coma" abaixo de "acidente terrível com uma marmota".

O que aconteceria se alguém morresse num avião?

VERDADES DO
ALÉM-TÚMULO
Caitlin Doughty

Um comissário ou comissária de bordo abriria a saída de emergência do avião e jogaria seu corpo, preso a um paraquedas. Antes de você ser arremessado, colocariam um cartãozinho no seu bolso com nome e endereço, dizendo: "Não se preocupem, já estou morto".

(Verificadores de fatos me informam que essa não é a política oficial das companhias aéreas.)

Se você morrer num avião, não deve ser porque o avião caiu. Quedas de avião são muito raras; suas chances de estar em um acidente de avião são de uma em 11 milhões. Estou compartilhando essa estatística porque morro de medo de acidentes de avião. Mas não vai acontecer. Você está em segurança lá em cima.

Porém, com 8 milhões de pessoas andando de avião todos os dias, é quase inevitável que alguém morra de problemas cardíacos, pulmonares ou alguma outra doença relacionada à idade. Morrer em algum lugar acima do oceano Atlântico, depois de beber um ginger ale oferecido pelo serviço de bordo, é sempre uma possibilidade. Alguns anos atrás, eu estava viajando de Los Angeles para Londres. Depois de jantar um frango tikka masala, o cara ao meu lado se inclinou para o lado do corredor, vomitou todo o frango e ficou totalmente imóvel. "Que bosta, isto não é um treinamento!", pensei. Como agente funerária, eu não podia fazer muita coisa além de ficar à vontade sentada ao lado de um morto até Londres. Felizmente, havia uma médica a bordo. Ela deixou o cavalheiro novinho em folha e ele até foi parar na primeira classe pelo resto do voo. (Eu fiquei na econômica com o vômito cheirando a frango.)

A tripulação reage de formas diferentes, em caso de emergência médica ou morte no voo. Se a pessoa está viva e ainda pode ser salva, a tripulação vai tentar desviar o voo e pousar no aeroporto mais próximo de uma equipe médica e um hospital. Mas e se a pessoa morre? Bom, ela já morreu, e continuará morta quando pousarmos em Bora Bora. Para que a pressa?

Se por acaso estiver ao lado da pessoa, você vai passar pela experiência inegavelmente surreal de viajar ao lado de um cadáver. "Com licença", você vai dizer a um comissário ou comissária, "lamento incomodar, mas não paguei para ficar ao lado de um cadáver pelas cinco horas restantes de voo." Sobretudo se você estiver no assento da janela, enquanto a pessoa morta está no lado do corredor. Mas não há com o que se preocupar, a tripulação vai tirar o corpo dali imediatamente e guardá-lo onde ninguém possa ver, certo?

Hã, não. Vão deixar mesmo no assento ao seu lado.

Nos tempos mais glamourosos das viagens aéreas, as companhias sempre deixavam vários assentos livres, o que permitiria que um cadáver tivesse ao menos uma fileira de assentos só para si. Mas, atualmente, como qualquer viajante frequente sabe, as companhias aéreas lotam os voos. Se for esse o caso, a tripulação pode cobrir a pessoa morta com um daqueles cobertores ásperos, apertar o cinto e pronto.

"Mas deve haver algum lugar secreto no avião para guardar um cadáver", você diz. Você já andou de avião? Ficamos enlatados como sardinhas dentro da aeronave. O banheiro do avião não é uma alternativa. A pessoa vai cair no chão e impossibilitar a abertura da porta depois do pouso. Se o voo durar mais de três horas, o rigor mortis pode começar, dificultando ainda mais a remoção. Além do mais, enfiar a vovó no banheiro do avião não é um ato muito respeitoso. As opções que restam são: colocar o corpo em uma fileira vazia (se houver alguma disponível), deixar o corpo no assento ao seu lado (se não houver nenhum outro lugar disponível), ou levar o corpo para a cozinha dos fundos (de onde o carrinho de bebidas vem). A melhor perspectiva é que a tripulação coloque o corpo na cozinha, o cubra e feche a cortina.

No passado (tipo em 2004), a Singapore Airlines instalou os armários secretos para cadáveres que achamos que todas as companhias têm. Ciente de que pessoas morriam durante voos, a companhia estava tentando "minimizar o trauma desse tipo de tragédia". Os armários, com cintos para que o corpo não voasse nem batesse nas paredes, foram incluídos nos Airbus A340-500. Essa aeronave específica era usada nos voos mais longos na época — dezessete horas, de Cingapura a Los Angeles —, com poucas escalas no caminho. Infelizmente, esses Airbus foram descontinuados, junto com os revolucionários armários de cadáveres.

Você não deve gostar muito da ideia de ter um cadáver no seu voo. Eu fico bem à vontade com cadáveres, mas nem eu aguentaria ficar sentada várias horas ao lado do corpo morto de um desconhecido. Mas você se sentiria melhor se eu dissesse que há cadáveres no seu voo com frequência, embora você não saiba? Estou falando dos corpos no compartimento de carga do avião, junto com a sua bagagem. Tem gente morta indo de um lugar para outro o tempo todo. Digamos que a pessoa morta morava na Califórnia, mas queria que o enterro fosse em Michigan. Ou que a pessoa morreu nas férias no México, mas tem que ser levada de volta a Nova York. Cuidamos de corpos assim na minha funerária com frequência. Nós os colocamos em caixões reforçados para o voo, deixamos no aeroporto e os enviamos para casa. Em qualquer voo que você pegar, pode haver um passageiro extra no compartimento abaixo.

Uma observação final: de acordo com a tripulação, ninguém nunca morre em um avião. Se assumissem que alguém de fato morreu no meio do voo, teriam uma trabalheira danada e muitos documentos para preencher. Todos os passageiros teriam que entrar em quarentena no pouso, por medo de doenças. E a polícia poderia considerar o avião como uma potencial cena de crime e tirá-lo de serviço durante a investigação. Já é bem difícil fazer conexões de voo sem um episódio de *Lei e Ordem* acontecendo no assento 32B. Em vez de admitir a morte no céu, o protocolo é pedir que a equipe médica declare a pessoa morta apenas em terra. A maioria dos comissários e comissárias de bordo não tem formação em medicina e pode argumentar que não possui qualificação para declarar legalmente um passageiro como morto. Claro que o passageiro não respira há três horas e está no rigor mortis, mas isso não prova nada!

Agora você sabe o que esperar se alguém morrer no seu avião. Ficar ao lado de um cadáver até Tóquio não é o ideal, mas eu preferiria um cadáver a um bebê chorando. Sem querer ofender nenhum bebê, mas é que eu passo mais tempo com cadáveres.

Os corpos no cemitério deixam a água que bebemos com gosto ruim?

VERDADES DO ALÉM-TÚMULO
Caitlin Doughty

Espere um segundo. O que você tem contra um copo grande e delicioso de água de cadáver?

Tudo bem, ninguém quer cadáveres perto da água. A ideia é nojenta, por mais que a gente aceite bem a morte. De tempos em tempos, ouvimos uma história horrível sobre cadáveres que contaminam o abastecimento de água de algum lugar do mundo. A cólera é um exemplo perfeito — uma doença que você não vai querer pegar. A cólera se espalha por um ciclo de cocô: a bactéria que causa a cólera chega ao seu intestino e faz você ter uma diarreia aquosa horrível por dias sem fim. Se não for tratada, pode matar. Se essa diarreia aquosa horrível atingir o abastecimento de água, vai gerar água que não é segura para ser bebida, o que, por sua vez, leva a mais cólera. Por volta de 4 milhões de pessoas no mundo são infectadas todos os anos, em geral pessoas mais pobres que moram em lugares sem água potável.

Onde entram os cadáveres? Bom, em lugares como a África Ocidental, surtos de cólera já foram provocados por corpos sem que as pessoas soubessem. Quando uma pessoa amada da família morre de cólera, os parentes lavam e preparam o corpo. As fezes do cadáver (contaminadas com cólera) vão parar na água, ou são transferidas pelas mãos da pessoa que lava o corpo e vai preparar as festividades funerárias. A água e a comida servidas nas festividades são contaminadas com as bactérias e, antes que as pessoas se deem conta, há um surto de cólera.

Isso parece apavorante, mas quero ser bem clara: só doenças infecciosas muito específicas (como cólera e ebola) podem tornar um cadáver perigoso. Essas são doenças extremamente raras agora em lugares como os Estados Unidos e a Europa. É mais fácil você morrer porque seu pijama pegou fogo do que de ebola. E nós temos a incrível sorte de ter um sistema de saneamento caro e sistemas de esgoto que neutralizam a cólera. Se você quiser lavar e cuidar de um corpo que morreu de câncer, ataque cardíaco ou acidente de moto, e depois ir preparar um banquete de bebidas e comida, todo mundo, quem lavou o cadáver e quem ingeriu os alimentos, vai estar em segurança. (Mas recomendo que você lave as mãos antes de preparar qualquer alimento, quer seu dia inclua ou não cuidados com cadáveres.)

E quando um corpo inteiro está na água? Esse é um exemplo mais extremo, claro. Ainda que por uma mera questão de nojo, ninguém quer um cadáver humano e nem uma carcaça de gambá flutuando na rede de abastecimento de água. Mas e os corpos enterrados em um cemitério? Os corpos estão se decompondo debaixo da terra, e é de debaixo da terra que as comunidades rurais retiram a água. A decomposição parece uma coisa nojenta. Não pode ser bom ter cadáveres apodrecendo perto da água que bebemos, certo?

Já foram feitos experimentos científicos sobre essa questão e tenho respostas para você.

A decomposição pode parecer (até pelo cheiro) nojenta, mas as bactérias envolvidas na decomposição de um cadáver não são perigosas. Nem todas as bactérias são ruins. Essas são bactérias amigas que não provocam doenças nos vivos; elas só se alimentam dos mortos.

Para saber o que acontece depois de um enterro, cientistas estudaram os produtos da decomposição ("produtos da decomposição" me faz pensar em camisetas de marca e capas de iPhone) presentes na água e no solo em volta de um túmulo. Se enterrado perto da superfície, um corpo que não tiver sido quimicamente preservado vai se decompor muito rápido. O solo rico age como "elemento purificador que encurta o período de decomposição". Não é só isso: esse solo próximo da superfície impede que a contaminação vá fundo no solo, onde a água está. Desde que o corpo não tenha nenhuma daquelas doenças altamente infecciosas que mencionei, a água deve ficar bem.

Na verdade, as coisas que fazemos com os corpos para impedir que se decomponham podem provocar mais danos do que deixar que os corpos se decomponham naturalmente. É comum que corpos enterrados sejam colocados em um caixão de madeira grossa ou de metal, que sejam quimicamente preservados e enterrados bem fundo, a cerca de dois metros da superfície. A ideia é que lá embaixo é seguro, tanto para o corpo quanto para as pessoas. Mas os metais, o formaldeído e os resíduos químicos fazem mais mal às águas subterrâneas do que o corpo que deviam proteger.

Por exemplo, você sabia que os soldados da Guerra de Secessão ainda estão atacando... o abastecimento de água? É estranho, mas é verdade. Mais de 600 mil soldados morreram na Guerra de Secessão, e as famílias abaladas queriam que os corpos fossem levados pra casa, para serem enterrados. Mas empilhar cadáveres podres em vagões de trem e enviá-los para casa não era uma opção (os condutores de trem, exasperados, não quiseram nem saber). E a maioria das famílias não tinha dinheiro para os caixões de ferro dispendiosos que as companhias ferroviárias permitiam. Assim, homens empreendedores, chamados embalsamadores, começaram a seguir os exércitos, montando suas barracas e preservando quimicamente os soldados mortos em batalha para que não se decompusessem na viagem de volta para casa. Os embalsamadores, que ainda estavam fazendo experiências em seu ofício, usavam de tudo, de serragem a arsênico. O problema com o arsênico é que é uma substância tóxica para os seres humanos vivos. Extremamente tóxica — causa vários tipos de câncer, doenças cardíacas, problemas de desenvolvimento em bebês... a lista é longa. E 150 anos depois do fim da Guerra de Secessão, o mortal arsênico continua se espalhando, vindo do solo dos cemitérios da época da guerra.

Enquanto os soldados se decompõem lentamente embaixo da terra, seus corpos se misturam com o solo, liberando arsênico. Quando a chuva e as águas de enchentes penetram no solo, concentrados de arsênico são levados até o abastecimento de água local. Qualquer quantidade de arsênico na água já é muito, para ser sincera — mas quando há só traços, a água é segura para ser bebida. Ainda assim, por meio de um estudo em um cemitério da Guerra de Secessão em Iowa City, descobriu-se que um corpo de água próximo continha arsênico em quantidade três vezes maior do que o limite seguro.

Não é culpa dos soldados. Seus corpos em decomposição não causariam câncer se não os tivéssemos enchido de arsênico. Felizmente, os embalsamadores pararam de usar arsênico mais de cem anos atrás — embora o formaldeído (o substituto do arsênico) não seja desprovido de problemas tóxicos.

Mais uma vez, a não ser que você lave um corpo que morreu de ebola ou cólera (o que não é muito provável), ou que more ao lado de um cemitério da época da Guerra de Secessão (um pouco mais provável, mas, ainda assim, não muito provável), não há perigo de que sua água esteja contaminada por cadáveres.

Isso não quer dizer que nós, humanos, vamos superar nosso medo de cadáveres perto da água. Vejamos um novo processo chamado aquamação. Você já sabe sobre a cremação, que usa chamas para queimar a carne e a matéria orgânica, deixando só o esqueleto. A aquamação usa água e hidróxido de potássio para dissolver o cadáver até restar apenas o esqueleto. O processo de aquamação é melhor para o ambiente e não usa gás natural, um recurso valioso. Mas a ideia de que um corpo pode ser dissolvido em água deixa algumas pessoas loucas de medo — principalmente quando descobrem que a água usada no processo, que não é nem um pouco perigosa, é enviada para o sistema de esgotos. Os jornais apresentam manchetes como "Beba um copo do vovô!", com o subtítulo: "Plano de enviar os mortos descarga abaixo". Isso é uma manchete real. Pior ainda, apareceu em um jornal grande e respeitado. Suspiro. Não bebam o vovô, crianças.

Fui à exposição em que cadáveres sem pele jogam futebol. Podemos fazer isso com o meu corpo?

VERDADES DO ALÉM-TÚMULO
Caitlin Doughty

Não precisa dizer mais nada. Se é um cadáver sem pele jogando futebol, então você só pode estar falando sobre a exposição *Body Worlds*. A *Body Worlds* original, que é um evento itinerante, começou em Tóquio, em 1995, e passou a viajar pelos Estados Unidos, em 2004. (Atenção, o alegre bando de cadáveres pode estar indo para a sua cidade!) Milhões de pessoas viram essas exposições. Algumas adoram e acham que as exposições nos ensinam sobre ciências, anatomia e morte. Outras pessoas chamam de "paródia brechtiana grotesca do excesso capitalista". (É, eu também não sei o que significa, mas parece uma coisa bem ruim.) De qualquer modo, vemos uma mulher grávida com um feto dentro da barriga, um homem e uma mulher fazendo sexo, um cadáver esfolado jogando futebol, e é difícil parar de pensar nesses corpos ao mesmo tempo estranhos e estéticos.

Primeiro de tudo: sim, são cadáveres humanos de verdade. E com algumas exceções importantes, eles queriam estar lá, expostos. Cerca de 18 mil pessoas, a maioria alemã, se juntaram a uma lista de doadores de corpos para a *Body Worlds*. Há até um cartão de doação no fim da exposição para você preencher se quiser. Uma mulher pediu que seu corpo fosse exposto dando um peixinho para alcançar uma bola de vôlei. Todos os corpos expostos são anônimos, então ninguém pode ir procurar o corpo de uma pessoa específica, tipo: "Aquele ali é o cadáver do Jake tocando guitarra no ar?".

A *Body Worlds* não foi a primeira ocasião em que humanos prepararam cadáveres para apresentações e exibições longas. Como cozinhar, praticar esportes, contar histórias e fazer fofoca, preservar um cadáver é um passatempo humano quase universal. Da China ao Egito, da Mesopotâmia ao deserto do Atacama, no Peru, pessoas com conhecimentos especiais produzem múmias usando ervas, alcatrão, óleos de plantas e outros produtos naturais, além de técnicas de remoção de órgãos e esvaziamento das cavidades corporais. A preservação se tornou mais precisa durante a Renascença, quando as pessoas descobriram que dava para injetar fluidos diretamente nas veias de um cadáver e o sistema circulatório o levaria para todos os cantinhos do corpo. Tinta, mercúrio, vinho, terebintina, cânfora, vermelhão e "azul da Prússia" (ferrocianeto férrico) foram alguns dos compostos usados.

Isso nos leva à plastinação, a técnica de preservação usada na *Body Worlds*. A plastinação foi originalmente desenvolvida para fazer espécimes anatômicas para estudantes. Mas, com finesse artística, também pode transformar um cadáver em uma espécie de escultura estética estranha.

Se decidir doar seu corpo para ser plastinado, você vai ser preservado com formaldeído, dissecado e desidratado. Seus fluídos e suas partes líquidas (água e gordura) são sugados quando o corpo é mergulhado em um banho congelante de acetona, que você talvez conheça como o produto químico principal no removedor de esmalte de unha. A acetona assume o lugar da água e da gordura nas células do seu corpo. Lembra que seu corpo contém cerca de sessenta por cento de água? Agora teria cerca de sessenta por cento de removedor de esmalte.

No passo mais importante, seu corpo cheio de acetona é fervido em outro banho, desta vez composto de plásticos como silicone e poliéster derretidos, dentro de uma câmara selada a vácuo. O vácuo força a acetona a ferver e evaporar das suas células. O plástico derretido entra. Agora, com uma pequena ajuda manual dos vivos, seu corpo cheio de plástico pode fazer poses.

Dependendo do tipo e quantidade de matéria a ser endurecida, luz ultravioleta, gás ou calor são usados para solidificar o cadáver em uma pose. *Voilà!* Você se tornou um cadáver duro, seco, sem odor e paralisado defendendo uma cortada de vôlei. A plastinação do seu corpo todo pode levar até um ano e custar até 50 mil dólares.

Gunther von Hagens, o artista alemão pioneiro na arte de manter esses cadáveres congelados no tempo, se intitula "o plastinador", o que tem uma vibe meio lutador profissional ou filme B de terror. Ele é dono do Instituto da Plastinação, na Alemanha, onde os visitantes podem ver alguns dos frutos de seu trabalho. Mas von Hagens também teve alguns momentos complicados na carreira, que você deveria conhecer caso esteja considerando doar seu corpo para ser plastinado e aparecer na exposição dele.

Von Hagens foi acusado de lucrar com tráfico ilegal de corpos, por comprar cadáveres em hospitais, na China e no Quirguistão, que não tinham o direito de vendê-los. As pessoas que morreram não sabiam que seus corpos seriam exibidos tocando saxofone ou segurando a pele esfolada por toda a eternidade. Pena que a *Body Worlds* tenha começado com essa reputação, pois muita gente fica feliz em doar o corpo para a exposição.

E não confunda a *Body Worlds* com a BODIES... *The Exhibition*, um derivado da *Body Worlds*. O site dessa outra organização diz que são exibidos "restos humanos de cidadãos ou residentes chineses que foram recebidos originalmente pela polícia chinesa", incluindo partes de corpos, órgãos, fetos e embriões da mesma fonte. A organização conta "apenas com as representações dos parceiros chineses" e "não pode verificar independentemente se [os restos] pertencem a pessoas executadas quando estavam encarceradas nas prisões chinesas". Ah. Prisioneiros executados. Parece uma atividade familiar divertida.

Portanto, se for a uma dessas exposições (ou a qualquer exibição de espécimes anatômicos humanos que não sejam capazes de fornecer informação sobre a fonte), você pode estar olhando para os restos de alguém que queria expor o próprio corpo e o cedeu de forma voluntária e legal. Mas também há a chance de que aquela pessoa ficaria horrorizada por seu corpo ter terminado assim.

Uma outra coisinha a se ter em mente sobre exposições de restos humanos é que partes do corpo podem sumir ocasionalmente. Em 2005, duas mulheres misteriosas roubaram um feto plastinado da exposição *Body Worlds* de Los Angeles. E em 2018, um homem na Nova Zelândia fugiu com dois dedos do pé plastinados. Cada dedo era avaliado em mais de 3 mil dólares — dedos bem caros, embora não tanto quanto uma perna e um braço.

Se alguém estiver comendo alguma coisa quando morrer, o corpo vai digerir essa comida?

VERDADES DO ALÉM-TÚMULO
Caitlin Doughty

Você está morto, mas sua pizza segue em frente?

Bom, não exatamente.

A comida no seu estômago não para de ser digerida no exato momento da morte, mas o processo fica mais lento.

Imagine a cena: você acabou de assistir a uns vídeos na internet, comendo uma fatia deliciosa de pizza, teve um ataque cardíaco e morreu. De certa forma, a pizza já está sendo digerida. Quando mastigou a fatia, você não só esmagou mecanicamente a pizza, mas também misturou enzimas digestivas da sua saliva, que começaram a quebrar o molho, a massa e o queijo. Depois, você engoliu e seu esôfago se contraiu, o que enviou a deliciosa bola de queijo com enzimas para o seu estômago.

Se você ainda estivesse vivo, seu estômago estaria trabalhando para digerir a comida, expelindo ácido clorídrico para quebrá-la enquanto a ação mecânica muscular estaria misturando e esmagando tudo. Mas você morreu. Seu estômago não está mais expelindo nem esmagando, então as únicas coisas que ajudam a quebrar a pizza são os líquidos digestivos que restam de *antes* da sua morte e as bactérias presentes no seu aparelho digestivo.

Então, digamos que não encontrem seu cadáver por vários dias. Caramba, esse exemplo de pizza hipotética está ficando *sombrio*. Desculpe. Uma autópsia é executada para tentar determinar quando e como você morreu. Quando abrem seu estômago, a fatia de pizza vai se tornar a melhor amiga da perícia. Veja como.

Se soubermos que você pediu a pizza por volta de 19h30 da terça-feira, e seu cadáver foi encontrado na sexta, o estado e a posição da pizza parcialmente digerida dentro do seu corpo pode dar dicas de quanto tempo você permaneceu com vida antes de morrer. Se houver uma pilha de pizza pouco digerida no seu estômago, vamos saber que você morreu logo depois da sua última refeição (e foi mesmo o que aconteceu). Se a pizza tivesse virado pasta e estivesse seguindo o caminho feliz pelo trato gastrointestinal, nós saberíamos que você teve tempo de digerir e morreu bem mais tarde, na mesma noite. Isso tudo faz parte da descoberta do intervalo post mortem, uma expressão que significa "há quanto tempo você morreu".

Agora, para ser clara, "Como é a aparência da pizza no seu estômago?" nem sempre oferece uma resposta cientificamente útil. Patologistas forenses examinam o conteúdo de estômagos para obter uma estimativa aproximada, mas há outros fatores em jogo que afetam a digestão, como medicações, diabetes, o quão líquida era a refeição etc. A comida que sobrou no seu estômago é examinada e encontram de tudo, de chiclete não digerido (mais comum do que você imaginaria) a bezoares, que são massas sólidas de material indigerível acumulado (proteja-se e não pesquise no Google). Mas patologistas também examinam seu intestino. Esse processo é bem mais difícil do que abrir o estômago, e bem mais nojento. A equipe de patologistas vai remover seus intestinos (que são quase tão compridos quanto um ônibus), colocá-los na pia e cortar o comprimento todo. Meu amigo patologista chama isso de "percorrer o intestino". Em seguida, o tubo nojento é examinado. O que tem lá dentro? Restos de pizza esmagada, cocô, anomalias médicas? Quem sabe? Isso faz parte da aventura. (Uma aventura que, mais uma vez, me deixa feliz de ser agente funerária, e não patologista forense.)

Lembre-se sempre de que, caso a equipe de investigação não tenha o recibo onde consta que a pizza foi entregue às 19h30, a pizza não digerida não vai ajudar muito. Eu comi resto de pizza hoje às 10h. E de novo às 15h. E talvez coma outra fatia agora. (Não preciso me explicar para você.) Mas a equipe de investigação não teria como saber quando eu comi a pizza. Então, o estado da pizza no meu estômago não ajudaria a descobrir quando eu morri.

Um monte de pizza não digerida no seu estômago pode ser útil para determinar a hora da sua morte, mas é um grande problema para quem for embalsamar seu corpo para a visita familiar. Uma pizza inteira no estômago significa comida parada, apodrecendo, destruindo a preservação pretendida ao embalsamarem seu corpo. Esse é um dos motivos para usarem um instrumento chamado trocar. Trata-se de uma agulha grande e comprida que, no processo de embalsamamento, será enfiada na sua barriga, abaixo do umbigo. A ideia é enfiá-la lá, furar seus pulmões, seu estômago e seu abdome e sugar tudo que houver lá dentro. Isso inclui gás, fluidos, cocô e, sim, os restos da pizza.

Talvez você não queira que o alimento não digerido seja sugado pelo trocar porque você espera que um dia, no futuro, esses restos sejam usados para determinar o que as pessoas da sua era comiam. Vejamos Ötzi, a múmia de 5.300 anos encontrada por dois andarilhos alemães na fronteira entre a Áustria e a Itália. Quando o conteúdo do estômago cheio da múmia foi examinado por cientistas, descobriu-se o que teria sido a última refeição de Ötzi antes da morte por uma flechada nas costas — um assassinato sórdido! Spoiler: a comida não era pizza, era carne (íbex e veado vermelho), trigo selvagem e "traços de um tipo de samambaia tóxica". A dieta dele era bem mais rica em gorduras do que o esperado pela equipe de cientistas (compreensível!). Como não teve tempo de digerir, o estômago de Ötzi pôde nos ensinar coisas muito valiosas sobre a vida de 5.300 anos atrás. Talvez um dia sua borda de pizza recheada e seu Cheetos picante façam o mesmo.

Todo mundo cabe num caixão? E se a pessoa for muito alta?

VERDADES DO ALÉM-TÚMULO
Caitlin Doughty

Olha, às vezes algumas pessoas simplesmente não cabem num caixão. E os responsáveis pelo funeral têm que fazer alguma coisa. É nosso trabalho. A família conta conosco. Quando não nos resta alternativa, *nós amputamos as pernas abaixo dos joelhos para que caibam.*

Não! Como assim? *Claro que não fazemos isso.* Por que todo mundo acha que funerárias fazem isso com as pessoas altas?

Infelizmente, esse boato de amputação não é apenas lenda urbana. Em 2009, aconteceu de verdade na Carolina do Sul. Nossa história começa com a morte de um homem que tinha dois metros de altura. Um homem desse tamanho é alto, mas não *tão* alto para os padrões de caixões (voltarei a isso mais para frente). O corpo dele foi levado para a Cave Funeral Home.

É agora que as coisas vão do zero para "credo, que macabro" rapidamente. O pai do dono da funerária costumava fazer alguns serviços por lá, como limpar e vestir os corpos e colocá-los nos caixões. De acordo com o querido pai, um dia ele tomou a decisão executiva de *cortar as pernas do cavalheiro na altura da panturrilha com uma serra elétrica e colocar as pernas ao lado dele no caixão.* Eles até chegaram a expor o corpo para a família de forma que só a cabeça e o tronco do homem estavam visíveis — por motivos óbvios.

Apenas quatro anos depois, quando um antigo funcionário revelou o que sabia, o caixão do homem foi exumado. Surpresa! Lá estavam as pernas, ainda ao lado dele.

Tudo na decisão de cortar as pernas de uma pessoa é desconcertante. Eu não acreditei na história quando ouvi, porque cortar os pés ou as pernas de um cadáver é algo que ninguém que trabalhe numa funerária faria. Vai contra o bom senso e a ética profissional. Mesmo se a esposa do morto estivesse implorando, "Por favor, corte as pernas dele pra me trazer paz de espírito", fazer isso violaria — você adivinhou — as leis de vilipêndio a cadáver, que foram feitas para proteger cadáveres de mutilações. E também faria uma sujeira danada. Não que a sujeira seja a maior preocupação aqui, mas vale a pena mencioná-la.

Sinceramente, a parte mais difícil de aceitar nessa história é a ideia de que o cadáver não caberia no caixão. Dois metros não é uma altura absurda para um caixão. A maioria dos caixões de tamanho médio nos Estados Unidos tem capacidade para acomodar alguém de dois metros, até de 2,15 metros. Mesmo que a funerária só tivesse no estoque caixões menores, teria sido fácil encomendar um maior ou até retirar uma parte do forro de um caixão do estoque e abrir espaço para as pernas. É difícil imaginar uma ocasião em que cortar as pernas de um cara tenha sido a opção mais sensata.

Certo, mas e se a pessoa morta for absurdamente alta, como Manute Bol, um dos jogadores profissionais mais altos da NBA? Bol era maior do que... bom... do que todo mundo, com 2,31 metros, e sua "envergadura" (medida da ponta do dedo de uma das mãos até a ponta do dedo da outra) era de inéditos 2,59 metros. Pessoas altas assim podem caber num caixão?

Só para deixar registrado, qualquer pessoa pode ter um caixão. Caixões "maiores" custam mais. Não estou dizendo que o custo extra é justo, mas é a realidade de como a indústria funerária funciona. Ouvi falar de caixões de até 2,5 metros. Uma busca rápida na internet vai revelar empresas especializadas em fazer caixões para pessoas maiores do que se considera o tamanho padrão.

Encontrar uma empresa para construir um caixão para alguém que tem 2,31 metros de altura pode ser mais difícil — mas há empresas de caixões sob medida que os fazem de acordo com especificações exatas. Não consigo pensar em um cenário realista em que um caixão mais largo ou mais alto não pudesse ser construído para um cadáver de qualquer tamanho. Ora, há até instruções on-line que podem ser baixadas e ensinam a construir seu próprio caixão. Como estão suas habilidades manuais?

É claro que, se você está levando uma pessoa extremamente alta para ser enterrada, talvez haja outros problemas no cemitério. Se nosso amigo Manute quisesse ser enterrado em um cemitério convencional — com gramados bem cuidados e fileiras de túmulos arrumadinhos —, ele teria que ter perguntado sobre o tamanho dos lotes. Cada lote de cemitério tem medidas determinadas, normalmente para pessoas de "tamanho médio". Quando uma pessoa é enterrada naquele lote, o caixão é colocado dentro de um jazigo — uma estrutura de concreto para manter o solo plano. Essa estrutura costuma ser de tamanho "médio" também. Se alguém for extremamente alto, talvez não caiba, e mais do que um lote (e talvez um jazigo personalizado) tenham que ser comprados.

Isso tudo parece frustrante. Mas as pessoas que têm 2,31 metros de altura conviveram a vida toda com o fato de que quase nunca cabem na definição de "padrão" e "média" da sociedade. Elas já tiveram dificuldade para encontrar sapatos do tamanho certo, chuveiros, molduras de portas, calças jeans — praticamente tudo. Um caixão e um lote de cemitério extragrandes são só mais duas coisas que terão que ser feitas de forma personalizada.

Essas pessoas talvez decidam deixar os pedidos personalizados de lado e ter um enterro natural, direto no chão em uma mortalha de algodão cru. Essa talvez seja a opção mais fácil. O cemitério pode até cavar um buraco mais comprido para o túmulo — sem necessidade de caixão nem de jazigo!

Mas e cremação? Pela minha experiência de trabalho num crematório e por conversas com pessoas que trabalhavam em outros, cremar um corpo extremamente alto não é problema. A maioria das câmaras crematórias modernas pode receber um corpo de cerca de 2,15, e só haveria problema se o corpo tivesse quase 2,75 metros. Teoricamente, uma retorta assim suportaria até o corpo de Robert Wadlow, a pessoa mais alta já registrada. Robert tinha 2,72 metros. Ele não foi cremado, mas pode ter certeza de que o caixão foi feito sob medida. Dizem que tinha mais de três metros e pesava uns 360 quilos.

Se você tem perto de 2,15 metros, recomendo que pesquise caixões e lotes de cemitério *antes de morrer* (não depois). Converse com familiares e seu círculo de amizades sobre como se comunicarem com agentes de funerária. Diga claramente: "Avisem à funerária que tenho 2,08 metros e 188 quilos, para que não haja surpresas". Isso pode dar forças à sua família para lutar pelo seu cadáver se alguém criar dificuldades.

Se a pessoa responsável na funerária agir como quem não sabe lidar com alguém muito alto e não souber nada sobre caixões personalizados, talvez seja necessário verificar se essa pessoa não é composta de oito chihuahuas um em cima do outro dentro de um sobretudo. Agentes funerários encaram quase qualquer coisa. Sempre tem um jeito que não envolve o uso criativo de uma serra elétrica.

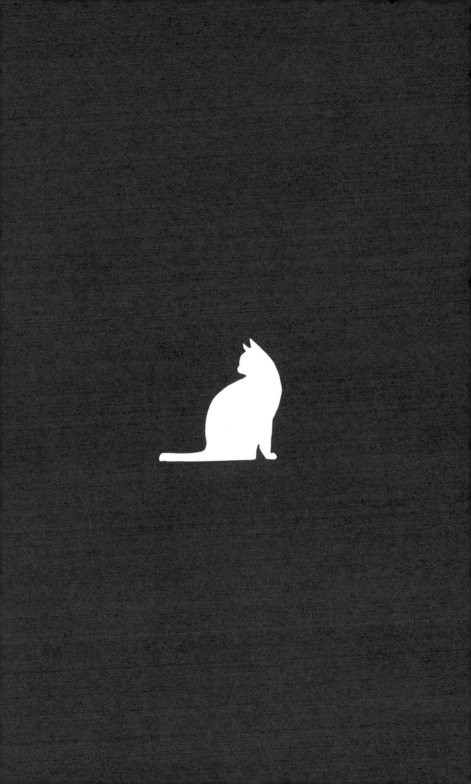

É possível doar sangue depois de morrer?

VERDADES DO ALÉM-TÚMULO
Caitlin Doughty

O sangue é fortemente associado à vida, então acho que ninguém teria como primeira escolha de transfusão o sangue estagnado de um cadáver. Mas de sangue dado não se olham os dentes, e doar sangue depois da morte é mais seguro e eficiente do que se pensa.

Em 1928, o cirurgião soviético V. N. Shamov decidiu investigar se o sangue de um cadáver podia ser usado para impedir que uma pessoa viva enfrentasse o mesmo destino. Ele começou seus experimentos com cachorros. Assim como acontece com a maioria dos testes em animais, os procedimentos do experimento se parecem muito com — como posso dizer isso? — tortura.

Shamov e sua equipe retiraram setenta por cento do volume sanguíneo de um cachorro vivo. Em outras palavras, tiraram quase três quartos de todo o sangue no corpo do cachorro. Em seguida, a equipe injetou solução salina no fluxo sanguíneo enfraquecido, para levar o nível total de exsanguinação (uma palavra comprida que significa drenagem de sangue) a noventa por cento, um nível letal.

Mas a esperança não estava perdida para esse corajoso doguinho de laboratório. Outro cachorro tinha morrido apenas horas antes. O sangue do cachorro morto foi injetado no cachorro moribundo e, como se por magia, o cachorro moribundo voltou à vida. Outros experimentos demonstraram que, desde que o sangue do cachorro morto fosse removido dentro do prazo de até seis horas depois da morte, o receptor vivo do sangue ficaria bem.

A partir daqui, a doação de sangue fica um pouco menos *Jogos Mortais* e um pouco mais *Frankenstein*. Dois anos depois, a mesma equipe soviética testou com sucesso a doação de sangue de cadáver em seres humanos e passou a maior parte dos trinta anos seguintes fazendo alegres transfusões do fluido da vida de gente morta para pessoas vivas. Em 1961, Jack Kevorkian, que mais tarde ganhou o apelido de "Doutor Morte" por ajudar pacientes que desejavam assistência médica para morrer, se tornou o primeiro médico americano a tentar executar isso.

Esses experimentos ajudam a provar que morrer não é como desligar um interruptor de luz. Não é porque uma pessoa morreu — parou de respirar e seu cérebro não demonstra atividade elétrica (como discutimos na pergunta sobre coma/morte cerebral) — que o corpo de repente se tornou inútil. Como o dr. Shamov escreveu: "O cadáver não deveria mais ser considerado morto nas primeiras horas que seguem a morte". Um coração preservado em gelo pode ser transplantado até quatro horas após a morte. Um fígado, dez. Um rim particularmente bom dura vinte e quatro horas, e às vezes até 72 se os médicos usarem o equipamento certo depois da cirurgia. Isso é conhecido como "tempo de isquemia fria". É como a regra dos cinco segundos para quando uma comida cai no chão, só que para órgãos.

Desde que a morte tenha sido relativamente repentina e a pessoa morta estivesse com boa saúde, o sangue do cadáver permanece sendo utilizável, como o dr. Shamov descobriu, por até seis horas. Em outras palavras, a doação é viável — embora obviamente seja melhor se o sangue não estiver contaminado por medicamentos e doenças contagiosas. Os glóbulos brancos têm vários dias de atividade depois que o coração para de bater. Se o sangue estiver estéril e em boa condição, a doação de sangue de cadáver é segura.

Portanto, se essas transfusões são possíveis, por que não são populares? Há alguns motivos. Sejamos sinceros, a doação de sangue de cadáver é uma coisa única. Os médicos perceberam bem cedo que doadores vivos podem doar sangue (e ganhar uns biscoitinhos de graça) muitas vezes por ano — com intervalos mínimos de oito semanas. Enquanto de um lado temos uma quantidade limitada de cadáveres saudáveis e sem doenças dos quais retirar sangue, podemos promover campanhas de doação; centros de doação podem receber doadores recorrentes (vivos) por anos sem fim.

O sangue de doadores vivos também evita as implicações éticas de dar a alguém sangue de cadáver sem que a pessoa saiba. Se você recebe um par de pulmões por meio de doação de órgãos, há um conhecimento óbvio sobre a origem (psiu, uma pessoa morta). Qualquer paciente em meio a uma crise pode precisar muito de sangue e estar inconsciente demais para ter uma conversa informativa sobre o fato de o sangue doado ter sido retirado pelo pescoço de um cara morto.

Falando em retirar pelo pescoço, é isso mesmo que acontece. Sem o coração batendo para bombear o sangue, a doação cadavérica precisa da gravidade para funcionar. Se patologistas precisarem tirar sangue de um cadáver, a opção simples é abrir uma veia grande no pescoço e inclinar a cabeça para baixo. Tanatopraxistas da funerária do bairro têm um sistema mais sofisticado de drenagem, então a gravidade não é necessária. Quando o fluido de embalsamamento é injetado no corpo, o sangue é empurrado para fora, escorre pela mesa e desce pelo ralo. Quando recebo uma ligação do banco de sangue da região onde moro pedindo doações, penso em todo o sangue dos procedimentos funerários que escorrem pelo ralo.

O motivo mais importante para a doação de sangue de cadáver não ser praticada é o estigma do sangue oriundo de um cadáver. É estranho, porque partes de cadáveres são usadas na medicina o tempo todo. Descobri que uma das minhas amigas tem tecido da bunda de um cadáver na boca. E muitas pessoas também têm. Quando as gengivas estão em retração porque a pessoa trinca os dentes ou por questões de saúde, elas podem ser reconstruídas com células implantadas das nádegas de um cadáver humano. Portanto, bunda de cadáver pode, mas sangue de cadáver não.

Procurei a Cruz Vermelha para ouvir a política oficial deles em relação à doação de sangue de cadáver, mas, até o momento em que estou escrevendo, ainda não recebi resposta.

Nós comemos galinhas mortas. Por que não comemos pessoas mortas?

VERDADES DO ALÉM-TÚMULO
Caitlin Doughty

Acredito de verdade que ninguém é jovem demais para fazer as perguntas difíceis sobre canibalismo. Portanto, vamos deixar bem mastigado[1] o assunto de comer carne humana!

Você pode achar que a resposta é óbvia: "Nós não comemos gente morta porque é horrível! É moralmente repugnante!". Vamos mais devagar com isso. Comer carne humana pode ser horrível *para você*, mas os seres humanos em toda a história praticaram canibalismo mortuário. O canibalismo mortuário é quando os parentes, a vizinhança ou membros da comunidade ingerem a carne, as cinzas ou ambos de uma pessoa morta. Imagine que, depois que tia Chloe morreu, você ficou em volta de uma fogueira comendo pedaços assados dela e foi algo perfeitamente normal.

Sem julgar outras culturas pelo canibalismo, podemos concordar que comer seres humanos é um grande tabu no mundo desenvolvido do século XXI. Consideramos moralmente errado, algo praticado só pelos assassinos em série mais diabólicos e pelos membros da Caravana Donner.

Mas, fora o tabu, há motivos mais práticos para não comer outros humanos. Primeiro, a carne humana é difícil de obter, e segundo, a carne humana não é tão nutritiva e nem faz tão bem.

---

1   Piscadinha.

Vamos abordar o problema de ser "difícil de obter" primeiro. Seria preciso que alguém morresse para o seu banquete. Mesmo que essa pessoa morresse de causas naturais, você não tem permissão legal de tomar posse de uma pessoa morta só porque ela parece apetitosa.

Que leis você estaria violando se comesse um ser humano morto? Um fato impressionante: *o canibalismo não é ilegal.* Não é crime comer carne humana, mas adquirir carne humana (mesmo se a pessoa morta quisesse que você a comesse) é uma violação da lei. As leis que você estaria violando são... espere só... lembra-se delas? Isso mesmo, vilipêndio a cadáver! É considerado profanação e mutilação comer um cadáver. Você também poderia ser acusado de roubar o cadáver. Roubar é errado, não é? A mãe daquele cara morto queria enterrá-lo no lote da família, mas agora está faltando uma perna, caramba.

Mas digamos que, em um cenário hipotético, não fosse ilegal profanar os mortos ao comê-los. A carne humana é uma escolha saudável?

Não.

Em 1945 e 1956, dois pesquisadores analisaram os corpos doados de quatro homens adultos e estimaram que um homem médio oferece cerca de 125.822 calorias de proteína e gordura. Esse número fica bem abaixo em comparação com o que outras carnes vermelhas, como as de boi e de porco, podem oferecer.

(Sim, você ouviu bem: humanos são carne vermelha.)

Isso não quer dizer que essas preciosas calorias não seriam úteis em uma situação de inanição entre a vida e a morte. Em 1972, o avião de Pedro Algorta caiu nos Andes. Algumas pessoas não sobreviveram ao acidente. Pedro, passando fome, começou a comer as mãos, coxas e braços das pessoas. A carne humana não era a ideal, mas estamos falando de um suplício de 71 dias com fome. Pedro disse: "Eu sempre tinha uma mão ou alguma outra coisa no bolso, e quando podia, começava a comer, botava alguma coisa na boca para sentir que estava sendo alimentado". Nesse cenário extremo, Pedro não se importou que a carne humana não fosse a melhor fonte de calorias e proteínas. Ele só queria viver.

As evidências sugerem que os humanos nunca acharam que comer outros humanos era uma boa opção no quesito nutrição. Um arqueólogo da Universidade de Brighton, na Inglaterra, descobriu que espécies humanas primitivas, como os neandertais ou *Homo erectus*, tinham tendências canibais. Mas, quando comiam a própria espécie, isso acontecia com motivações ritualísticas, e não de dieta. Como disse, os humanos não oferecem calorias suficientes para competir com algo como um mamute, que ofereceria (um valor total de) 3,6 milhões de calorias. Além disso, mais da metade das calorias de um ser humano vem de gordura. Humanos não são nem uma opção saudável! Nós somos comida ruim.

E, ao considerar os prós e os contras de comer seres humanos, você também precisa pensar em doença. Eu sei, você está pensando: "Caitlin! Você não disse umas mil vezes que cadáveres não são perigosos? Que um cadáver não vai me passar doenças? Então não era verdade?".

Sim, essas declarações continuam sendo verdade. É improvável que um cadáver transmita a alguém a mesma doença que matou a pessoa — e qualquer outra. A maioria dos patógenos, até mesmo os horríveis que causam tuberculose e malária, não sobrevive tanto tempo no cadáver depois da morte. Mas lembre que *eu nunca falei para você comer o cadáver*.

Sua pergunta mencionou galinhas mortas, então digamos que você more numa fazenda. Você vai para o pátio em um dia quente de verão para alimentar suas galinhas e descobre que a Big Bertha bateu as botas à noite. Você repara que, embora a Big Bertha ainda não esteja se decompondo, tem umas moscas voando em torno dela. Ela está começando a ficar inchada. Do que ela morreu? Caramba, aquilo é uma larva?

Agora, pergunte-se: você está com fome? Provavelmente não.

Os seres humanos do mundo desenvolvido preferem carne sem larvas, doenças e inchaço. (Mas nem sempre. Há culturas que consideram carne pútrida uma iguaria. Meu exemplo favorito é o hákarl, ou tubarão fermentado, um prato nacional amado na Islândia. O tubarão é enterrado, fermentado e deixado desidratando por meses até sua estreia como um petisco picante e podre.)

Carne mais comum, como a de vaca e a de galinha no mercado, foi morta especificamente para o consumo humano. Quando o animal é abatido, a carne é limpa imediatamente e guardada em uma geladeira ou defumador para evitar o crescimento de bactérias e a autólise, que fazem a carne se decompor, ganhar cores nojentas e exalar um cheiro estranho. A carne de galinha, de vaca ou de porco que você compra no mercado ou no açougue não foi encontrada morta em algum lugar. Há um bilhão de leis que impedem "Fazendeiros de Animais Atropelados" de venderem carniça para os consumidores.

Os seres humanos não ficam bem ao comer carne podre — e nem carne doente. Nós preferimos comer carne fresca e saudável. Mas poucas pessoas saudáveis, fortes e boas para serem grelhadas simplesmente caem mortas. A maioria das pessoas mortas tem questões de saúde que as deixariam no mínimo nada apetitosas e, nos piores casos, inadequadas ao consumo. Além disso, pense da seguinte forma: mesmo que o animal que você comeu tivesse algum tipo de doença, a maioria das doenças não é zoonótica. Isso quer dizer que um ser humano não pega uma doença de animal comendo a carne dele. (O ebola é uma das raras exceções.)

Mas, se você for comer um cadáver *humano*, a história é bem diferente. É possível contrair vírus que são presentes no sangue, como hepatite B ou HIV. Diferentemente de quando se come animais, quem come carne humana doente pode acabar sofrendo da mesma doença.

"Tudo bem", você pode dizer. "Vou preparar uma carne humana bem passada e vai ficar boa para comer!"

Pense melhor.

Os seres humanos podem ter proteínas anormais chamadas príons. Essas proteínas perderam a forma e a função correta e contaminam outras proteínas, as normais. Diferentemente de um vírus ou de uma infecção, os príons não têm DNA nem RNA e não podem ser mortos por calor ou radiação. São uns danadinhos resistentes que gostam de ficar no cérebro e na medula espinhal, espalhando lesões e caos.

Ao falar sobre príons, os cientistas costumam citar o povo Fore, de Papua Nova Guiné. No fim dos anos 1950, equipes de antropologia documentaram uma epidemia de uma doença neurológica chamada kuru, que estava matando pessoas do povo. O kuru é uma doença causada por príons no cérebro. A epidemia de kuru foi atribuída ao ritual desse povo de comer cérebros humanos depois da morte. A pessoa infectada apresenta espasmos musculares, demência e risadas ou choros incontroláveis. O resultado é um cérebro cheio de buracos — e morte.

Depois que uma pessoa do povo Fore morria, a família comia o cérebro cheio de príons e a doença se espalhava, às vezes ficando adormecida em uma pessoa contaminada por até cinquenta anos. Só quando os Fore interromperam a prática de comer cérebros, na metade do século XX, foi que o kuru começou a diminuir.

Voltando ao meu ponto inicial, cuidar com carinho de um cadáver que morreu de kuru não mata. Mas *comê-lo* sim.

Acho que mostramos que o abuso das leis de vilipêndio a cadáver, o valor nutricional baixo e as doenças infecciosas são motivos bem fortes para dizer: "Talvez seja melhor... simplesmente não comer pessoas?". Podemos ir a algum lugar um dia em que um ser humano criado em laboratório esteja no cardápio de um restaurante do seu bairro (sim, já tem gente desenvolvendo essa tecnologia), mas até lá acho melhor ficar longe da *outra* carne vermelha.

O que acontece quando um cemitério fica cheio de corpos e não cabe mais nenhum?

VERDADES DO ALÉM-TÚMULO
Caitlin Doughty

Se há mais corpos do que se sabe o que fazer com eles, a primeira opção sensata é expandir. Expandir pode significar acrescentar mais terras ao cemitério atual (abrindo espaço para mais túmulos) ou inaugurar um cemitério novo por perto.

"Mas a cidade é grande!", você diz. "Não temos campos verdes dando sopa por aí para botar gente morta!" Tudo bem, que tal expandir… para cima? Isso mesmo — os cemitérios estão se tornando verticais. Afinal, os moradores da cidade moram em arranha-céus e apartamentos, empilhados uns sobre os outros. Mas quando morremos, todo mundo tem que ser enterrado espalhado, em centenas de hectares de terra verdejante? Um arquiteto que cria cemitérios de vários andares disse: "Se já aceitamos viver uns em cima dos outros, podemos morrer uns em cima dos outros". *Touché*.

O cemitério Yarkon, em Israel, começou a acrescentar torres que vão chegar a abrigar 250 mil túmulos. As torres até respeitam os costumes judaicos e enchem as colunas de terra, para que os túmulos estejam conectados com o solo. No momento, o cemitério mais alto fica no Brasil. O Memorial Necrópole Ecumênica III contém 32 andares de túmulos e também um restaurante, um salão de concertos e jardins cheios de aves exóticas. Quando estive em Tóquio, no Japão, visitei um prédio de vários andares que abriga milhares de restos cremados (entregues em salas de visita particulares por um equipamento automático que localiza e pega a urna correta). Parece um prédio típico de escritórios, integrado à cidade ao redor, bem perto de uma parada do metrô, por questão de conveniência. Há mais cemitérios verticais planejados em lugares tão variados quanto Paris, Cidade do México e Mumbai.

Veja da seguinte forma: até um cemitério genérico e amplo se torna vertical quando se acrescentam mausoléus à propriedade. Mausoléus são aqueles prédios quadrados no meio do cemitério onde as pessoas estão enterradas em cubículos nas paredes, chamados criptas. Se pessoas fossem enterradas em túmulos únicos no chão, o espaço poderia acabar rapidamente. Ao construir um mausoléu, o espaço único se transforma numa pilha de três ou quatro (ou mais) cubículos, um em cima do outro. Os cemitérios anunciam as criptas de forma diferente, dependendo da altura do chão, com nomes como "nível do coração" e "nível do céu". As criptas mais próximas do chão são chamadas de "nível de oração", no sentido de que é fácil se ajoelhar e orar na frente delas. (Acho que "nível do solo" não era um bom nome comercial.)

Se não houver desejo de construir para cima para abrigar mais corpos, outra opção é reciclar os túmulos que já existem. Pode parecer uma coisa horrível se você está acostumado com a ideia do túmulo do vovô ser dele para sempre. Na Alemanha e na Bélgica, há túmulos públicos oferecidos por um limite determinado de tempo, algo entre quinze e trinta anos, dependendo da cidade. Quando o prazo termina, alguém entra em contato com a sua família, que tem a opção de continuar a pagar um aluguel pelo túmulo. Se a família não puder ou não quiser pagar, o corpo será movido mais para o fundo (para abrir espaço para novos amigos) ou relocado para um túmulo comunitário (*muitos* novos amigos). Nesses países, os túmulos são alugados; não são propriedade.

Por que nos Estados Unidos é diferente? Por que pagamos por uma coisa chamada "cuidado perpétuo", acreditando que o cemitério vai cuidar do nosso túmulo *para seeeeeempre*? A ideia de um túmulo eterno começou porque os Estados Unidos eram muito grandes. No século XIX, os enterros saíram dos cemitérios urbanos lotados (ou seja: fedidos) e foram para cemitérios rurais amplos. Esses cemitérios rurais recebiam piqueniques, leituras de poesia, corridas de carruagem. Eram lugares aonde as pessoas iam para verem e serem vistas. A ideia era que, com o tamanho do país, podíamos ficar enterrando gente para sempre! Todo mundo ganha um túmulo!

Não tão rápido. No século XXI, o índice de mortalidade nos Estados Unidos é de 2.712.630 pessoas por ano. Isso se resume a pouco mais de trezentas pessoas por hora. Ou cinco por minuto. Mas, mesmo com tantas mortes, a crise iminente de espaço para enterros é enganosa: os Estados Unidos ainda têm um monte de espaço para túmulos. Encontrar um local para o enterro perto das cidades e dos entes queridos já enterrados é o que torna as coisas mais complicadas. Por esse motivo, a cidade de Nova York precisa resolver o problema de forma mais urgente do que a Dakota do Norte.

Mas alguns países que reclamam sobre falta de espaço para enterrar pessoas *estão falando sério*. Bons exemplos seriam Cingapura e Hong Kong, terceiro e quarto países mais populosos do mundo. Em Cingapura, há mais de 7 mil pessoas por cada quilômetro quadrado. Cada. Quilômetro. Quadrado. Sete mil. Pessoas. Nos Estados Unidos, há apenas 36 pessoas por cada quilômetro quadrado. Ops. Desculpe, EUA, é sério quando Cingapura segura seu colar de pérolas e diz: "Não temos terras para enterrar nossos mortos". Vejamos o cemitério Chua Chu Kang, em Cingapura, que é o único cemitério *no país todo* ainda aberto a enterros. Cingapura é tão pequena geograficamente que não há terrenos abertos acessíveis para abrir mais cemitérios. O governo aprovou uma lei em 1998 que diz que uma pessoa só pode ficar enterrada lá por quinze anos. Quando os quinze anos acabam, o corpo é removido, cremado e guardado em um columbário (um prédio que é como um mausoléu, mas para restos cremados).

Se você estiver disposto a deixar a ideia de enterro de lado, a cremação e a hidrólise alcalina (lembre-se: a cremação com água em vez de fogo) são duas opções excelentes. Você acaba com dois a três quilos de cinzas, que podem ser espalhadas ou deixadas numa prateleira. Mas se seu desejo for um enterro, talvez seja hora de nos juntarmos ao resto do mundo e — ora! — reciclar nossos túmulos. Depois que a vovó tiver tido tempo de se decompor, os ossos dela precisam abrir espaço para uma nova geração de cadáveres que precisam apodrecer. Será que alguém já escreveu essa frase antes? Vivo me fazendo essa pergunta.

É verdade que as pessoas veem uma luz branca quando estão morrendo?

VERDADES DO ALÉM-TÚMULO
Caitlin Doughty

Veem, sim. Aquela luz branca intensa é um túnel que conduz aos anjos no céu. Obrigada pela pergunta!

A verdade é que eu não tenho uma explicação definitiva para o motivo de algumas pessoas verem uma luz branca quando estão à beira da morte. Na verdade, *ninguém* tem uma explicação definitiva até agora. As pessoas religiosas podem ver a luz como um portal sobrenatural para a vida após a morte; os cientistas podem ver a luz como algo causado pela privação de oxigênio no cérebro.

O que sabemos é que essas experiências estranhas *acontecem*; há muitos relatos em todo o espectro religioso e cultural para que não sejam reais. Pessoas que sobreviveram a situações traumáticas de ameaça à vida compartilham uma série de experiências sinistramente similares, que a comunidade científica chama de experiências de quase morte ou EQM. Por mais assustadoras que sejam, as experiências de quase morte nem são assim tão raras. Cerca de três por cento da população americana diz ter tido uma. Esse número foi ainda maior (dezoito por cento) num estudo feito com pacientes de hospital da terceira idade.

É importante lembrar que nem todas as experiências de quase morte são iguais. Nem todo mundo se vê andando na direção de uma luz branca forte enquanto cenas de animais de estimação da infância e entrevistas constrangedoras de emprego passam na frente dos olhos das pessoas. Em um estudo, cerca de metade das pessoas que tiveram uma experiência de quase morte disseram que estavam perfeitamente cientes de que estavam mortas (o que pode ser bom ou ruim, dependendo do quanto a morte não incomoda você). Uma em cada quatro pessoas disse que teve uma experiência extracorpórea. Só uma em três chegou a se deslocar pelo tal túnel. Além disso, uma má notícia: imaginamos as EQMS como sendo positivas e tranquilas, mas isso só foi verdade em metade das vezes. Acontece que a experiência também pode ser bem apavorante.

Especialistas acreditam que experiências de quase morte aconteceram nas culturas por toda a história da humanidade: no antigo Egito, na antiga China, na Europa medieval. Essas culturas (e incontáveis outras) têm histórias de experiências religiosas que correspondem de forma quase exata a experiências de quase morte. Isso leva a um dilema interessante do ovo e da galinha. As experiências de quase morte são um tipo de experiência religiosa universal? Ou as experiências religiosas são causadas pela ação do cérebro humano, neurociência e biologia básicas?

A configuração — ou energia, se você quiser — da EQM de um indivíduo também pode ser determinada pela sociedade na qual essa pessoa vive. Por exemplo, pessoas cristãs dos Estados Unidos podem encontrar anjos que as recebem no túnel, enquanto hindus podem encontrar alguém enviado pelo deus da morte. Gregory Shushan, um pesquisador da Universidade de Oxford, escreveu sobre relatos amplamente diferentes de EQMS, com o elenco todo retirado da cultura da pessoa: "Eu me lembro de uma pessoa descrevendo Jesus na forma de um centauro puxando uma carruagem; e de um homem cujo coração estava batendo fora do peito, cujo cabelo tinha a forma de um chapéu de bispo".

O que torna mais difícil para a comunidade científica estudar as EQMS é que não é preciso estar próximo da morte para ter uma experiência de quase morte. Pesquisas da

Universidade da Virginia descobriram que pouco mais da metade dos pacientes que disseram ter experimentado uma EQM não corria risco médico. A morte, no fim das contas, não estava tão próxima assim.

Vamos falar então de potenciais explicações (científicas) para o motivo de essas experiências acontecerem. Se você é neurologista, é provável que explique as EQMs usando linguagem empolada e confusa, como "integração multissensorial corporal perturbada". Outras explicações incluem endorfinas liberadas no cérebro, dióxido de carbono em excesso no sangue do paciente ou aumento da atividade do lobo temporal.

Mas vamos procurar uma explicação mais simples e olhar para outro grupo de pessoas que passam pelo túnel de luz sinistro: pilotos de caça. Voar em altas velocidades pode provocar uma coisa chamada síncope hipotensiva, que acontece quando não há sangue e oxigênio suficientes chegando ao cérebro. Quando isso acontece, a visão do piloto começa a apagar, e nas beiradas primeiro — criando a experiência de estar olhando por um túnel luminoso. Parece familiar?

Cientistas acreditam que ver essa luz no fim do túnel é resultado de isquemia retinal, que acontece quando não há sangue suficiente chegando ao olho. Quando menos sangue flui para os olhos, a visão é reduzida. Estar em um estado de medo extremo também pode causar isquemia retinal. Tanto o medo quanto o declínio de oxigênio são associados à morte. Nesse contexto, a visão extrema de um túnel branco característica das EQMs começa a fazer bem mais sentido.

Quem é religioso pode acreditar que Deus (ou deuses) é capaz de coisas mágicas. Mas cientistas (até os que acreditam em Deus) também acreditam que o cérebro é capaz de fazer as coisas parecerem mágicas. E acreditam que é a biologia que dá forma aos nossos momentos finais. Não sou religiosa, mas sou cem por cento a favor de um Jesus centauro puxando uma carruagem e vindo me buscar para a minha descida até a morte.

Por que os insetos não comem os ossos das pessoas?

VERDADES DO ALÉM-TÚMULO
Caitlin Doughty

Faz um lindo dia de verão e você está almoçando no parque. Você morde uma asinha de frango frito, mastiga a pele crocante e a carne suculenta. Seu próximo gesto é morder os ossos e mastigá-los, como o gigante em *João e o pé de feijão*? Provavelmente não.

Se você não comeria uma pilha de ossos de animais, por que esperaria que um besouro aparecesse para comer seus ossos? Nós esperamos muito dos necrófagos, os heróis anônimos do mundo natural. Eles são os devoradores da morte, os organismos que se alimentam de coisas mortas e podres — e que sejam abençoados! Imagine por um momento como seria o mundo sem a ajuda dos consumidores de carne morta. Cadáveres e carcaças para todo lado. Sabe aquele animal atropelado? Não vai a lugar nenhum sem a ajuda dos necrófagos.

Necrófagos fazem um trabalho *tão* bom ao se livrarem de coisas mortas que esperamos que operem milagres. É como quando você arruma seu quarto bem *demais* e sua mãe espera a perfeição sempre. Melhor não deixar as expectativas muito altas. Não vale o risco.

A classificação de devoradores de cadáveres é repleta de espécies diversas. Há os abutres, que descem do céu para um lanchinho na beira da estrada. Temos as moscas-varejeiras, que sentem cheiro de morte em até quinze quilômetros de distância. Há os besouros-carniceiros, que devoram músculos desidratados. Um corpo humano morto é um paraíso de nichos ecológicos e oferece uma variedade ampla de lares e lanches para aqueles inclinados a comer. Há muitos lugares à mesa de jantar da morte.

Lembra-se dos besouros dermestes? As criaturinhas úteis que convocaríamos para limpar os crânios dos seus pais? O trabalho deles é comer toda a carne *sem* danificar o osso. Vamos ser claros: *nós não queremos que eles comam os ossos.* Principalmente porque outros métodos de remoção de carne (como produtos químicos agressivos) não vão só danificar os ossos, como podem também danificar certos tipos de evidências, como marcas nos ossos, que podem ser úteis em investigações criminais. É por isso que levamos uma colônia de mil besouros dermestes para fazer o trabalho sujo. Além disso, enquanto você estava aqui reclamando que eles não comem ossos o suficiente, os besouros estavam comendo pele, cabelo, pelos e penas!

Tudo bem, mas quanto à sua pergunta: por que eles não comem os ossos também? A resposta simples é que comer ossos é trabalho duro. Não só isso, mas os ossos não têm utilidade nutritiva para insetos. Os ossos são basicamente feitos de cálcio, uma coisa de que os insetos não precisam muito. Como eles não precisam de cálcio, os insetos como os dermestes não evoluíram para consumi-lo nem desejá-lo. Eles estão tão interessados em comer ossos quanto você.

Mas há uma virada dramática aqui: dizer que esses besouros não costumam comer ossos não é dizer que eles nunca comem. É uma questão de custo-benefício. Ossos são uma refeição frustrante, mas refeição é refeição. Peter Coffey, um professor de agricultura na Universidade de Maryland, me contou que descobriu isso quando usou o *Dermestes maculatus* para limpar o esqueleto de um cordeiro natimorto. Os ossos de carneiros adultos são robustos, "mas em fetos e recém-nascidos há vários pontos em que a fusão ainda não está completa". Quando ele pegou os ossos do cordeiro depois que os besouros terminaram de limpar: "Reparei em pequenos buracos, do diâmetro de larvas grandes". Acontece que os besouros comem ossos menos densos e delicados (como o do cordeiro natimorto), mas Peter diz: "tem que haver uma combinação perfeita de boas condições ambientais e pouca disponibilidade de alimento para que eles recorram ao osso, o que explicaria por que isso não é observado comumente".

Portanto, embora os dermestes e outros insetos comedores de carne não costumem comer ossos, eles farão isso se a fome for grande. Os seres humanos se comportam da mesma forma. Quando Paris estava sitiada no final do século XVI, a cidade passava fome. Quando as pessoas da cidade ficaram sem gatos, cachorros e ratos para comer, elas acabaram desenterrando corpos de túmulos coletivos do cemitério. Tiraram os ossos e os moeram para fazer farinha e preparar o que ficou conhecido como pão de Madame de Montpensier. Foi isso! (E pode não ter sido uma solução tão boa assim, pois muitas das pessoas que comeram o pão de osso acabaram morrendo.)

Parece que nenhuma criatura prefere de fato ou quer comer ossos. Mas, espere, eu ainda não apresentei o *Osedax*, ou verme comedor de ossos. (Está no nome, pessoal. *Osedax* significa "comedor de ossos" ou "devorador de ossos" em latim.) Os vermes comedores de ossos começam como larvas pequeninas flutuando na escuridão ampla das profundezas do oceano. De repente surge do espaço acima uma criatura grande e morta, como uma baleia ou um elefante-marinho. O verme comedor de ossos se acopla e o banquete começa. Para falar a verdade, nem os *Osedax* devoram os minerais dos ossos. Eles penetram nos ossos procurando colágeno e lipídios para comer. Depois que a baleia some, os vermes morrem, mas não sem antes liberarem larvas em número suficiente para que possam viajar pelas correntezas esperando que outra carcaça apareça.

Os vermes dos ossos não são seletivos. Você pode jogar uma vaca ou seu pai (não faça isso) no mar e eles também comeriam os ossos deles. Há forte evidência de que os vermes comedores de ossos comem répteis marinhos gigantes desde a época dos dinossauros. Isso significa que os comedores de baleias são mais velhos do que as próprias baleias. Os *Osedax* são os reis dos comedores de ossos, e até que são bonitinhos de olhar, uns tubos laranja-avermelhados que flutuam e cobrem os ossos como um tapete peludo. E o mais incrível é considerar que a comunidade científica só descobriu que essas criaturas existiam em 2002. Quem sabe o que mais está aí pelo mundo devorando ossos?

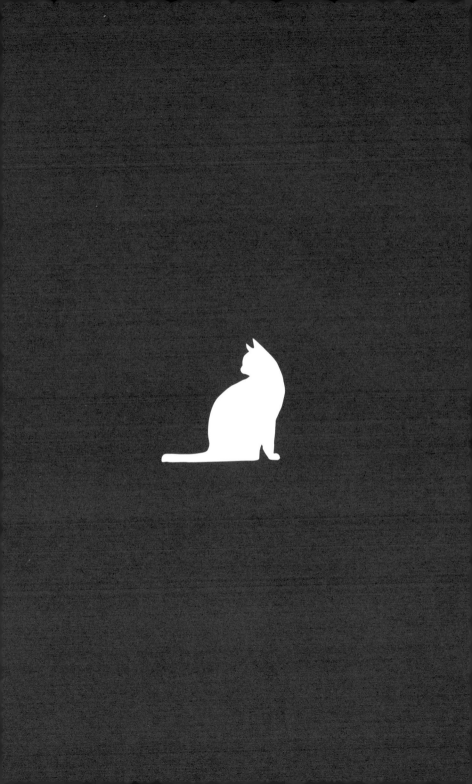

O que acontece quando queremos enterrar uma pessoa, mas o solo está congelado?

VERDADES DO ALÉM-TÚMULO
Caitlin Doughty

Eu cresci no Havaí, um lugar que não é conhecido por invernos rigorosos. Agora, adulta, sou dona de uma funerária na Califórnia, um lugar... que também não é famoso pelos invernos. Em suma, sou uma pessoa péssima para responder a essa pergunta. Nunca precisei enfiar uma britadeira no solo congelado. A família e os convidados nos nossos serviços funerários não ficam encolhidos por causa do frio; ficam se abanando e sonhando com o conforto do ar-condicionado do carro.

Mas e o Canadá? A Noruega? Lugares vítimas do abraço gelado do inverno? Chão congelado está congelado. É como o rigor mortis num cadáver — bem mais duro e mais rígido do que você espera. Não é fácil enfiar uma ferramenta na terra e cavar um túmulo. É por isso que, na maior parte da história da humanidade, as pessoas desses lugares... não fizeram isso.

Nos Estados Unidos dos anos 1800, se alguém morresse no meio de um inverno rigoroso, a pessoa só podia ser enterrada na primavera. Para esperar o frio passar, o corpo era colocado no que é chamado de câmara receptora. Era uma estrutura externa que se parecia muito com um mausoléu. Todos os cadáveres de pessoas que morreram em uma época inconvenientemente gelada do ano, em seus caixões, eram colocados nesse abrigo comunitário. Como já estava frio à beça do lado de fora, as câmaras funcionavam como geladeiras naturais.

Também havia construções mais simples para armazenamento de corpos no inverno com nomes mais reveladores: casas mortas. Essas construções eram usadas na Europa, no Oriente Médio, em partes dos Estados Unidos e no Canadá. Também eram chamadas de casas da morte ou casas de cadáveres. Nos séculos XIX e XX, talvez até a partir do século XVII, as pessoas botavam os mortos nessas casinhas para esperar o inverno passar.

Posso enterrar pessoas num local de clima quente, mas por acaso conheço uma arqueóloga, Robyn Lacy, que é especialista nessas casas. "Algumas existem até hoje", conta ela. "Além de existirem, ainda estão em uso!" Na verdade, você pode até passar por uma casa morta no caminho até o cemitério da cidade. Procure uma estrutura simples de madeira (às vezes, tijolo) que poderia ser confundida com um barracão de ferramentas.

Durante muitos anos, as procissões funerárias no inverno terminavam não no túmulo, mas numa casa morta. Normalmente, as pessoas iam direto para o local do enterro, mas se o solo estivesse congelado, o corpo tinha que esperar o degelo de primavera num equivalente além-vida de um depósito de carros apreendidos.

Outras culturas desistiram completamente de enterros. No alto das montanhas do Tibete, onde o solo costuma ser rochoso e congelado demais para se executar um enterro e onde não há árvores suficientes crescendo para as cremações, um ritual de morte diferente se desenvolveu. Até hoje, corpos são colocados numa área aberta para um enterro no céu, um nome lindo para se referir a um cadáver sendo consumido por abutres. Seu gato *talvez* coma o seu corpo depois que você morrer, mas um abutre *mal pode esperar* para deixá-lo em pedaços e carregá-lo para o céu.

Mas meu país, os Estados Unidos, talvez não esteja (ainda) pronto para um enterro com abutres. O que se faz com um corpo quando o solo está congelado *atualmente*? Graças à tecnologia, as casas mortas saíram de moda (se bem que eu ainda uso "casa morta" como apelido para a minha funerária).

A maioria dos cemitérios nos Estados Unidos, mesmo em lugares com inverno rigoroso, pode e vai enterrar um corpo por mais congelado que o solo esteja. Em alguns lugares, é obrigatório por lei. Wisconsin e Nova York impedem os cemitérios de armazenarem corpos até o tempo esquentar. Ambos os estados exigem que o cemitério enterre o cadáver num período razoável, estejam as temperaturas abaixo de zero ou não.

Por outro lado, ainda há cemitérios rurais que não têm funcionários nem equipamento para quebrar solo congelado. Essas áreas rurais talvez nem tenham acesso aos veículos de neve necessários para que o corpo seja levado por estradas desoladas de inverno até o cemitério. Nesse caso, a velha e boa refrigeração é utilizada. O corpo espera a volta da primavera em refrigeração, numa funerária ou às vezes no próprio cemitério.

Há prós e contras para o uso de unidades de refrigeração de corpos até que o tempo esquente lá fora. Um dos contras é que, em invernos longos, os cadáveres podem se amontoar (não literalmente — só que vai haver muitos na refrigeração). Além disso, quanto mais tempo um corpo fica na refrigeração, maior o custo. O pró é que, diferentemente de uma câmara receptora ou uma casa morta, não há dias quentes num refrigerador. Não há surpresas fedorentas. Embalsamar também pode ser uma solução para desacelerar a decomposição do corpo não enterrado.

Mas se o cemitério estiver apto (ou for obrigado pela lei) a cavar um túmulo no solo congelado, normalmente há duas formas de fazer isso: quebrar o solo ou descongelá-lo. Ou uma combinação das duas coisas.

Quebrar o solo exige o uso de uma britadeira. Não é um processo rápido. Pode levar umas seis horas só para abrir um metro e vinte no gelo. Outra opção é usar uma retroescavadeira com "dentes de gelo". Os dentes de gelo são braços de metal compridos presos aos dois lados da pá. Parecem presas de escavadeira. É como um Drácula mecânico: "Quero cravar os dentes no seu túmulo!". Os dentes quebram a terra e permitem que a escavadeira retire o solo congelado.

Em vez de cavar direto no solo congelado, alguns cemitérios tentam descongelá-lo primeiro. Há algumas formas de fazer isso. Cobertores aquecidos podem ser colocados sobre o futuro túmulo, o que é uma gracinha. Carvão aceso pode ser espalhado sobre um futuro lote. Também existem domos de metal grandes o bastante para serem colocados sobre o túmulo e aquecidos por dentro com propano. Esse tipo de estrutura parece uma churrasqueira enorme no meio do cemitério. Não é muito bom para as relações públicas, mas a gente faz o que precisa fazer.

O único problema de descongelar o chão antes de quebrá-lo é que você tem que esperar. O processo leva de doze a dezoito horas, podendo chegar a vinte e quatro horas. Mas isso é melhor do que ficar esperando um inverno inteiro, certo?

Não se preocupe se o cadáver do seu avô precisar ser enterrado quando o solo estiver congelado. É possível que demore um pouco mais e ele pode ter que esperar na refrigeração por um tempo, mas o vovô vai para debaixo da terra. Infelizmente, todo o trabalho adicional e/ou armazenamento de cadáver, você adivinhou, gera custos extras. Não existe picolé de cadáver de graça!

Você pode descrever o cheiro de um cadáver?

VERDADES DO ALÉM-TÚMULO
Caitlin Doughty

Bom, quão morta está a pessoa de quem estamos falando?

Se a pessoa acabou de morrer, o cheiro vai ser bem parecido com o que tinha quando estava viva. A pessoa caiu morta de repente, depois de um banho e de passar perfume? O cheiro vai ser de banho e perfume. Morreu depois de uma longa doença, em um quarto úmido de hospital? O cheiro vai ser de doença e de hospital úmido.

O que o corpo *não* faz na primeira hora depois da morte é inchar, ficar verde e se encher de larvas. Não importa o quanto estiver quente e úmido lá fora, não estamos num filme de terror e a sequência de acontecimentos não é essa. Nós atendemos famílias na nossa funerária que querem ficar com o corpo da mamãe em casa, mas têm medo dos "odores" da morte. Depois de explicar essa coisa de que o cadáver não vai ficar cheio de larvas, nós explicamos que é preciso resfriar a mamãe com bolsas de gelo se o plano é ficar com ela por mais de vinte e quatro horas.

O motivo para cadáveres não começarem a feder imediatamente é que o clássico "fedor de podre" vem da decomposição, e a decomposição surge depois de alguns dias. Lembre que, quando uma pessoa morre, as bactérias nos intestinos não morrem junto. Além das bactérias não morrerem, elas continuam com fome. *Uma fome furiosa*. Estão prontas para desfazer seu corpo em matéria orgânica para outros propósitos.

E não são só bactérias famintas e furiosas. O corpo humano está vibrando com vida, um ecossistema inteiro de micróbios. Quando começam a quebrar a fonte de alimentos novinha — seu cadáver —, os micróbios emitem um gás feito de covs, ou compostos orgânicos voláteis. As primeiras coisas que fedem costumam ser os compostos com enxofre, o que faz sentido se você já sentiu o fedor de um peido potente e sulforoso com cheiro de ovo. O enxofre é o culpado de muitos fedores.

Quando cachorros treinados para procurar cadáveres procuram um corpo numa floresta, eles estão farejando os covs. Esses cheiros também atraem moscas-varejeiras, que têm receptores de odores que as levam até o corpo. O doce cheiro de decomposição (ou seja, *odor mortis*) diz a elas que o cadáver ali é um lugar perfeito para pousar e botar os ovos em orifícios abertos do corpo. Pouco tempo depois, há larvas de mosca por toda parte. Parabéns, mamãe mosca-varejeira, por ter encontrado o local perfeito para botar seus ovos.

Dois dos compostos químicos mais conhecidos no aroma de cadáver são adequadamente chamados de putrescina e cadaverina (por causa de "pútrido" e "cadáver"). Cientistas acreditam que esses odores horríveis agem como necromônios, ou seja, compostos químicos presentes nas coisas mortas que atraem ou repelem. Se você for um cachorro farejador de cadáveres ou uma mosca-varejeira, esses odores dizem que você encontrou o cadáver que estava procurando. Se for um animal que come carniça (animal em decomposição), esses necromônios vão ter o cheiro de um almoço delicioso. Se for um ser humano chato, digamos, agente de funerária, o cheiro vai encorajar você a sair da sala e procurar ar fresco.

A maioria dos corpos que chegam na funerária não se encontra em processo intensivo de decomposição. Não tiveram tempo de chegar lá. Para impedir que aconteça sob nossa vigilância, nós os botamos direto na refrigeração, que desacelera a decomposição. Mas isso não quer dizer que não recebemos "*decomps*" — o termo em inglês para corpos que só foram encontrados dias ou semanas depois.

Quem já sentiu cheiro de um corpo em decomposição raramente esquece a experiência. Fiz uma pesquisa informal entre agentes de funerárias e legistas, pedindo que me contassem como descreveriam o inesquecível odor. As respostas variaram de "se parece com o cheiro de um animal atropelado, mas bem pior" a "parece verduras podres, como couve de Bruxelas ou brócolis murchos" e até "carne podre esquecida na geladeira". Outros exemplos: "ovos podres", "alcaçuz", "lata de lixo", "esgoto".

E eu? Ah, como descrever o cheiro de um cadáver em decomposição — quanta poesia é necessária! Sinto um odor doce e enjoativo misturado com um odor forte de podre. Pense: o perfume forte da sua avó borrifado sobre um peixe podre. Junte tudo num saco plástico fechado e deixe no sol por alguns dias. Abra o saco, coloque seu nariz dentro e dê uma boa fungada.

Apesar de não termos um jeito único para descrever o cheiro de um corpo humano em decomposição, sabemos que o cheiro de seres humanos mortos é único. Embora seja improvável que nossos narizes não treinados façam a distinção, pesquisas descobriram que seres humanos têm "um coquetel químico singular", nossa própria *eau de decomp*. Dentre os cheiros fedidos encontrados no gás de putrefação, oito compostos nos dão nosso odor especial. Bom, não cem por cento "nosso" nem "especial", pois os porcos têm os mesmos compostos. Caramba, porcos, não podemos ter uma coisa legal que seja só nossa?

O interessante é que os humanos já foram bem mais acostumados ao fedor da morte, graças à refrigeração e às técnicas de preservação de corpos precárias. Minha velha amiga, a dra. Lindsey Fitzharris, estuda salas de anatomia e dissecação do século XIX. Você acha que as unidades de refrigeração em funerárias modernas fedem? Caramba, fique feliz por não ter entrado numa sala de dissecação duzentos anos atrás. Estudantes de medicina que executavam essas dissecações para tentar aprender mais sobre a misteriosa anatomia dos seres humanos descreveram "cadáveres rançosos" e "fedores pútridos". Pior ainda, os cadáveres eram guardados em salas não refrigeradas, empilhados como lenha. Quem manipulava os corpos testemunhou ratos "no canto roendo vértebras ensanguentadas" e bandos de aves entrando e "brigando por um pedaço". Os jovens estudantes talvez até dormissem num quarto ao lado.

Em meados do século XIX, o dr. Ignaz Philipp Semmelweis reparou que mães novatas atendidas por parteiras tinham resultados bem melhores do que as atendidas por médicos em treinamento, que também manuseavam e dissecavam cadáveres. Ele acreditava que enfiar as mãos num cadáver e depois diretamente numa mãe em trabalho de parto era perigoso. Assim, Semmelweis decretou que as mãos precisavam ser lavadas entre as duas atividades. E deu certo! As taxas de infecção caíram de uma em cada dez para uma em cada cem, só nos primeiros meses. Infelizmente, a descoberta foi rejeitada por boa parte dos médicos da época. Sabe qual era um dos motivos por ser tão difícil que os médicos se lavassem? O fedor de "odor de hospital" nas mãos deles era marca de prestígio. Eles chamavam de "bom fedor de hospital". Falando de forma simples, cheiro de cadáver em decomposição era uma medalha de honra da qual eles não tinham a menor intenção de abrir mão.

O que acontece com soldados que morrem longe, em batalha, ou cujos corpos nunca são encontrados?

VERDADES DO ALÉM-TÚMULO
Caitlin Doughty

Há perguntas neste livro que são mais modernas, como "O que aconteceria se alguém morresse num avião?" ou "O que aconteceria com o corpo de um astronauta no espaço?". Mas outras perguntas, como esta, são feitas há milhares de anos.

Antes do século xix, o transporte de longa distância de soldados caídos raramente acontecia — principalmente se houvesse centenas ou milhares de mortes. Se você fosse soldado de infantaria — um sujeito nas linhas de frente que era perfurado com uma lança, espada ou flecha —, era provável que ficasse para trás. Se tivesse sorte, talvez ganhasse a dignidade de um enterro num túmulo coletivo ou uma cremação, em vez de ficar apodrecendo no campo de batalha. Os homens que eram levados para casa, onde teriam um enterro, costumavam ser os de patente alta: generais, reis, guerreiros famosos.

Veja o almirante britânico Horatio Nelson. Ele foi morto por um atirador de elite francês no convés do próprio navio durante as Guerras Napoleônicas. Sua frota ganhou (parabéns), mas seu líder estava morto e precisava de um enterro de herói em casa. Assim, para preservá-lo durante a viagem, a tripulação enfiou o corpo de Nelson em um barril cheio de conhaque e aquavita (álcool concentrado, literalmente "água da vida" — irônico, não?). Demorou um mês para eles voltarem para a Grã-Bretanha, e durante a viagem os gases do Nelson aumentaram dentro do pequeno barril, fazendo sua tampa pular e assustando o vigia.

Desde então, há um boato de que os marinheiros do navio se revezaram para tomar goles do "fluido embalsamador" alcoólico do barril do lorde Nelson. Supostamente, eles usavam pedaços de macarrão como pequenos canudos e enchiam o barril de conhaque com um vinho menos desejável para esconder o crime. Pessoalmente, eu preferiria beber o vinho que não tinha um cadáver flutuando dentro, mas os soldados britânicos da época eram famosos por alcançarem extremos por causa de bebida.

Em grande parte da história ocidental, as guerras foram lutadas por soldados profissionais contratados e homens obrigados a irem para a batalha. Se vencessem, o crédito das vitórias ia para os reis ou, mais tarde, para os grandes generais. No início do século XX, os americanos começaram a julgar que levar os corpos dos soldados comuns para casa era a coisa "humana" a se fazer. O presidente William McKinley até organizou equipes para levar de volta pra casa soldados que morreram lutando contra a Espanha em Cuba e Porto Rico.

Isso não quer dizer que o procedimento tem dado certo sem problemas desde então. Longe disso. Depois da Primeira Guerra Mundial, os Estados Unidos disseram: "Tudo bem, França, a gente vai até aí escavar os túmulos coletivos que estão com todos os nossos soldados mortos, nos vemos em breve". A França, que estava lutando para reconstruir o país, não queria ser incomodada pelos enormes projetos de escavação. Muitas pessoas nos Estados Unidos que perderam filhos e maridos também não se empolgaram com a perturbação dos túmulos. Até o presidente Theodore Roosevelt queria que os restos do próprio filho, piloto militar, ficassem na Alemanha, e disse: "Nós sabemos que muitas pessoas boas têm opinião diferente, mas para nós é doloroso e angustiante tanto tempo depois da morte mover o pobre corpo do qual a alma já se foi".

Por fim, o governo americano enviou uma pesquisa para cada família, a fim de saber o que desejavam que fosse feito pelos seus mortos. Como resultado, 46 mil corpos de soldados foram devolvidos aos Estados Unidos e 30 mil foram enterrados em cemitérios militares na Europa. Até hoje, há histórias comoventes de famílias holandesas e belgas que adotaram túmulos de soldados americanos das duas guerras mundiais, os visitam e levam flores mais de um século depois. (Lembre-se *disso* quando não quiser ir ao cemitério no aniversário da vovó.)

Mas, como sua pergunta sugere, não é sempre uma opção levar para casa um soldado perfeitamente intacto e identificável. Ainda há 73 mil corpos de americanos que desapareceram durante a Segunda Guerra Mundial. E mais de 7 mil ainda estão desaparecidos desde a guerra da Coreia, que terminou em 1953. A maioria desses corpos deve estar na Coreia do Norte, onde as negociações diplomáticas se encontram, digamos assim, delicadas no momento.

Desde 2016, a agência americana encarregada de rastrear e identificar corpos e restos desaparecidos e perdidos é a Defense POW/MIA Accounting Agency. Os pesquisadores da agência contam com testemunhas oculares e relatos históricos, perícia e qualquer coisa que possa ajudá-los a reduzir uma área geográfica onde possa haver restos. Se acreditarem que um certo local vai conter restos, a agência envia uma equipe de resgate, que executa a pesquisa científica e o recolhimento. Parece meio glamouroso (mistérios cadavéricos internacionais!), mas, assim como trabalhar numa funerária, o trabalho real envolve obter licenças e permissões e depois trabalhar com o governo local e com as famílias para garantir que as coisas transcorram bem.

Vamos falar agora sobre o que aconteceria se um soldado morresse amanhã. Como o corpo seria manuseado? Vou usar a força militar dos Estados Unidos como exemplo. Os

Estados Unidos (para o bem e para o mal) são uma superpotência militar, o que quer dizer que não temos soldados lutando e morrendo no nosso território. Na verdade, nossos soldados costumam matar e morrer em terras distantes. Mesmo que discorde da política militar ou da guerra em geral, você deve conseguir entender o desejo da família de um soldado morto de querer que o corpo seja levado de volta para casa, ou ao menos que seja decentemente enterrado ou cremado.

O que acontece agora é o seguinte: quase todos os restos de integrantes do serviço militar mortos nos conflitos recentes no Iraque e no Afeganistão passam pelo Necrotério Dover Port, localizado na Base Aérea de Dover, em Delaware. O necrotério é supervisionado pela Força Aérea e é o maior do mundo. Suas instalações têm potencial para cuidar de cem corpos por dia e contam com armazenamento resfriado para mais mil. Essa capacidade impressionante fez desse necrotério a primeira escolha para receber cadáveres do suicídio em massa de Jonestown, do bombardeio dos quartéis de fuzileiros navais em Beirute, dos desastres espaciais da *Challenger* e da *Columbia* e do ataque de 11 de setembro ao Pentágono.

Quando chegam ao Necrotério Dover Port, os corpos são levados à sala de desarmamento de explosivos para verificar se não estão carregando bombas escondidas. Os corpos são oficialmente identificados em seguida por meio de exames de raios X de corpo inteiro, especialistas em digitais do FBI e testes de DNA que comparam amostras de sangue fornecidas pelos militares antes do envio das tropas.

O objetivo de agentes funerários é deixar o corpo dos soldados passíveis de serem vistos pela família. Cerca de 85 por cento das famílias podem visitar os corpos. Mas com bombas de beira de estrada e outras formas violentas de morrer, há casos em que sobra muito pouco do corpo para reconstrução. Esses restos são embrulhados com gaze, lacrados em plástico e embrulhados de novo em lençóis brancos dentro de um cobertor verde. Finalmente, um uniforme completo é colocado em cima. Quando as famílias recebem corpos incompletos, elas podem escolher se querem que restos adicionais (quando encontrados) sejam enviados no futuro.

O que acontece quando o corpo chega em Dover Port e quando o corpo é devolvido para a família é muito ritualístico, muito ordenado, muito... militar. O necrotério tem todos os uniformes à mão, de todos os tipos possíveis de soldados e oficiais. Isso quer dizer todos os conjuntos de calça e camisa, mas também todas as barretas, insígnias, bandeiras, distintivos, alamares, tudo. Quando o corpo é levado para casa, um soldado é escolhido para voar com o cadáver e prestar continência quando o corpo é colocado e retirado do avião (mesmo que o corpo só esteja sendo transferido entre voos). Tem também a bandeira americana, que é colocada sobre o caixão. Há uma forma específica de dobrar e colocar a bandeira. Os grupos de funerárias on-line têm brigas homéricas sobre o que dizem ser bandeiras dobradas inadequadamente (o jeito correto: o campo azul estrelado sobre o ombro esquerdo da pessoa).

Quando um corpo chega na minha funerária, costumo já saber muitas coisas sobre a pessoa: como morreu, que profissão exercia, até mesmo o nome de solteira da mãe. Isso porque, em uma funerária típica, o mesmo agente funerário pode emitir a certidão de óbito e preparar o corpo para a visita. Esse não é o caso no Necrotério Dover Port. Os funcionários de lá são divididos em dois grupos. Um grupo cuida dos bens dos soldados e das informações de identificação, enquanto o outro grupo cuida dos corpos. A ideia é que ninguém se familiarize demais com nenhum soldado morto. Por um lado, parece triste e impessoal, mas, por outro lado, de acordo com a revista *Stars and Stripes*, em 2010, "um em cada cinco especialistas em questões funerárias enviados para o Afeganistão ou para o Iraque voltou com sintomas de síndrome de estresse pós-traumático". Esse tipo de burocracia e separação podem ser necessários para lidar com o trauma da guerra.

Posso ser enterrado no mesmo túmulo que meu hamster?

VERDADES DO ALÉM-TÚMULO
Caitlin Doughty

Eu entendo — você amava o seu hamster. E está certo. Seu hamster devia ser mais divertido do que a maioria das pessoas que você conhece. E devia conversar melhor também. As pessoas são mesmo terríveis.

Você não está sozinho ao querer dar um enterro decente ao Hammibal Lecter. As pessoas querem oferecer uma despedida digna aos seus animais desde, bem, desde sempre. Em 1914, trabalhadores encontraram um túmulo de 14 mil anos perto de Bonn, na Alemanha. Dentro, havia dois seres humanos (um homem e uma mulher) e dois cachorros. Um dos cachorros era filhote, um filhote muito doente contaminado com um vírus canino. Há evidências de que os humanos cuidaram do filhote por um tempo antes que ele finalmente morresse, o que, considerando o vírus, deve ter envolvido mantê-lo aquecido e limpar sua diarreia e seu vômito. Não sabemos por que os cachorros acabaram enterrados com os humanos. Talvez fossem companheiros da vida após a morte, um tanto simbólicos, ou talvez os seres humanos os amassem muito. (*Você* limparia a diarreia de seres que não ama?)

Todo mundo sabe sobre as múmias dos antigos egípcios, mas menos se sabe sobre suas exóticas múmias de animais. Os egípcios executavam mumificações em gatos, cachorros, aves e até crocodilos. Algumas múmias de animais podiam ser oferendas a deuses ou guardiães, ou até alimento para a vida após a morte, mas os gatos também eram animais domésticos amados e levados à tumba dos donos (depois de uma morte natural) para servir de companhia no além-túmulo.

No fim dos anos 1800, mais de 200 mil dessas múmias (a maioria de gatos) foram escavadas de um cemitério enorme no centro do Egito. Um professor britânico escreveu: "Um sujeito egípcio de um vilarejo vizinho [...] cavou um buraco em algum lugar no deserto e encontrou... gatos! Não um ou dois aqui e ali, mas dezenas, centenas, centenas de milhares, uma camada deles, um estrato mais espesso do que a maioria dos veios de carvão, com camadas de dez a vinte gatos empilhados, múmia espremida ao lado de múmia, todas apertadas como sardinhas em lata". As múmias dos gatos estavam embrulhadas, muitas vezes pintadas e decoradas com grande cuidado, e algumas até ganharam caixas ocas de bronze para passar a eternidade.

Atualmente, você é considerada a Caitlin Louca dos Gatos se quer ser enterrada ao lado do Mr. Paws para sempre. Mas essa é a abordagem errada! Os seres humanos têm um longo e valioso histórico de enterros ao lado de animais, e você e seu hamster não deviam ser diferentes.

Digamos que você morreu e sua família veio à minha funerária para tomar as providências do seu enterro. "Ele amava o Hammibal Lecter!", dizem. "O hamster pode ir para dentro do caixão?" Minha primeira pergunta: Hammibal Lecter também morreu? Se não tiver morrido, vou precisar pensar um pouco. Gosto de manter a mente aberta, mas não fico totalmente à vontade com a ideia de eutanásia de animais saudáveis para um enterro. Por toda história da humanidade, os animais foram sacrificados para se juntarem aos donos no mundo inferior, mas isso não torna essa ideia ética no século XXI. Vamos supor que seu hamster já esteja morto: já foi empalhado, é apenas ossos ou cinzas ou estava guardado no freezer especialmente para a ocasião.

Tecnicamente, pelas leis do estado da Califórnia, eu não posso colocar o Hammibal no seu bolso, mesmo que ele seja apenas uma pequena bolsinha de restos cremados. Não tenho permissão para "enterrar" um animal em um cemitério humano. Se eu faria, ainda assim? Hum, sem comentários. (*E patinhas surgem do bolso do seu paletó.*)

Outros estados americanos são mais progressistas com a questão de humanos e animais sendo enterrados juntos. Nova York, Maryland, Nebraska, Novo México, Pensilvânia e Virgínia são bons exemplos. Esses estados permitem que seu hamster (o corpo ou os restos cremados) e você, seu dono, sejam enterrados juntos. Na Inglaterra, cemitérios "conjuntos" de seres humanos e animais permitem que você seja enterrado *perto* do Hammibal, e na última década, alguns cemitérios conjuntos até começaram a permitir que o Hammibal vá diretamente para o seu túmulo.

A lei na maioria dos estados, mesmo na Califórnia, era mais flexível em relação ao lugar onde animais podiam ser enterrados. Se você fizer uma caminhada por alguns dos cemitérios mais antigos dos Estados Unidos, vai ver túmulos marcando o local de enterro de criaturas como Moscow, o cavalo da Guerra de Secessão, que foi enterrado no cemitério Sand Lake Union, em Nova York. Ou o cachorro ator Higgins, conhecido como Benji I, enterrado no Forest Lawn Memorial Park, em Hollywood Hills.

Não é só você que está nessa de querer, não, de *exigir*, um enterro conjunto com seu amado animal. Há um movimento chamado "cemitério de famílias inteiras", que argumenta que sua família toda (mãe, pai, hamsters, iguanas) deveria poder ser enterrada no mesmo lugar. E está crescendo. Infelizmente, em muitos estados, o enterro de animais em um cemitério humano continua sendo frustrantemente ilegal. Essas leis supõem que é desrespeitoso ter animais em cemitérios *humanos* que deveriam ser reservados para enterros *humanos* — pois a presença de restos de animais vulgariza o ritual humano do enterro.

Eu entendo esse argumento. Há motivos religiosos e culturais para alguém não querer ser enterrado com o amado cachorro ou porco da família de outra pessoa. Além disso, com os cemitérios ficando sem espaço em muitas cidades grandes, os humanos estão corretamente preocupados com a possibilidade de um lote privilegiado ser ocupado por Cuddles, o cão dinamarquês.

Sou totalmente a favor da escolha na morte. Se você não quiser ser enterrado com animais, tudo bem. Se quiser ser enterrado com animais, deveria ter esse direito. Mais lugares do que se imagina têm em sua agenda legislativa o enterro de animais com pessoas. Então, sim, não está fora de questão que você e seu amigo peludo possam ser enterrados juntos, de mão e patinha dadas rumo à grande roda de hamster no céu. Independentemente do que a lei local diga, pode haver alguma pessoa responsável por uma funerária com disposição de enfiar as cinzas do seu bichinho dentro do seu caixão.

Não eu, claro. Próxima pergunta.

Meu cabelo vai continuar crescendo no meu caixão depois do meu enterro?

VERDADES DO ALÉM-TÚMULO
Caitlin Doughty

O apresentador de televisão Johnny Carson brincou uma vez: "Durante três dias depois da morte, o cabelo e as unhas continuam crescendo, mas os telefonemas param". Ah, Johnny, seu danado! Você até pode arrancar meu smartphone das minhas mãos frias, mortas e duras de rigor mortis. Mas espere também umas ligações telefônicas do além.

Então, cabelo e unhas crescem no túmulo? Se nós removêssemos seu corpo do túmulo trinta anos depois da sua morte, encontraríamos um esqueleto ressecado coberto de uma cabeleira brilhosa e unhas de dois metros de comprimento?[1]

Essa imagem é bem sinistra e eu gostaria de poder dizer que é verdade. Mas esse é outro mito da morte — um mito que está na cultura pop desde o comecinho. No século IV a.C., Aristóteles escreveu que "o cabelo continua crescendo depois da morte". Ele esclarece que, para o cabelo continuar crescendo, os fios já têm que existir, como uma barba. Se você é um velho careca, não vai recuperar o cabelo depois da morte.

O mito continua existindo depois de mais de 2 mil anos. No século XX, periódicos respeitáveis de medicina ainda relatavam histórias do tipo "Garota de 13 anos retirada do

---

[1] O comprimento das unhas de quem detém o recorde mundial atual.

túmulo em Washington, D.C., e encontrada com cabelo até os pés" e "Médico relata que os cabelos de um corpo dentro de um caixão romperam as frestas e estão saindo pelas laterais". A ideia de filetes de cabelo serpenteando pela terra parece legal, mas não aconteceu.

Não vou botar a culpa desse mito só nos livros, periódicos médicos e filmes. O mito persiste porque parece que cabelo e unhas crescem depois da morte. Quando as pessoas veem uma coisa acontecer na frente dos olhos delas, parece ciência básica. Mas e se o que você está vendo não é o que você acha que está vendo? Vou explicar.

Quando estamos vivos, as unhas crescem cerca de 0,1 milímetros todos os dias. "Excelente, mais unha pra roer!", minha mente nojenta pensa. (Não roam as unhas, crianças.) O cabelo cresce um pouco menos de 0,5 milímetros todos os dias.

Mas é preciso estar vivo para que o crescimento de cabelo e unhas aconteça. Para que o cabelo e as unhas cresçam, seu corpo precisa estar produzindo glicose, que por sua vez permite que novas células sejam criadas. Nas unhas, as células novas empurram as velhas para frente, fazendo-as crescer. É quase como empurrar a pasta de dente para fora do tubo. É a mesma coisa com o cabelo. As novas células criadas na base do folículo capilar empurram o cabelo velho para fora do rosto e da cabeça. Mas o processo todo de produzir glicose e criar células é interrompido quando se morre. A morte representa nada de unhas novas, nada de madeixas novas e lustrosas.

Portanto, se não tem nada crescendo, por que parece que o cabelo e as unhas estão ficando mais compridos? A resposta não tem nada a ver com suas madeixas lustrosas e tudo a ver com sua pele, o maior órgão do seu corpo. A pele costuma ficar desidratada depois da morte. A pele vibrante e viva murcha e se retrai. Se você já viu um vídeo em time-lapse de um pêssego maduro murchando ao longo de uma semana, é bem parecido.

Quando a pele das mãos se desidrata depois da morte, o leito ungueal se retrai, revelando mais unha. As unhas podem parecer mais longas, mas não é a unha que está crescendo, é a pele revelando unha adicional que já estava lá o tempo todo. É o mesmo princípio com cabelo. Pode parecer que a barba de um homem morto está crescendo, mas não é crescimento nenhum. É o rosto ressecando e encolhendo e revelando os pelos. Em resumo: não é que haja mais cabelo nem mais unhas, é que há menos pele rechonchuda e viva em volta dos pelos e das unhas. Um mistério de 2 mil anos está resolvido.

Fato divertido: para impedir a aparência de mãos e rostos desidratados, às vezes agentes de funerária fazem hidratação facial e cuidam das unhas antes de uma visita. É o tratamento de spa post mortem que todos merecemos.

Posso usar ossos humanos de uma cremação como acessório?

VERDADES DO ALÉM-TÚMULO
Caitlin Doughty

Quando a maioria das pessoas pensa em cremação, elas imaginam uma pessoa da funerária encontrando a família e entregando uma urna cheia de uma substância cinza, fofa, parecendo areia. Essas cinzas, ou restos cremados, estão agora prontas para ficarem no fundo de um armário (infelizmente isso acontece com mais frequência do que imaginamos) ou para serem espalhadas no mar ou sopradas na sua cara, como em *O grande Lebowski*. Essas cinzas já foram o papai, mas que parte do papai elas são exatamente? Bom, crianças, para ser bem clara, as cinzas são os ossos moídos do papai (*entra o riff de metal*).

Você já deve saber mais ou menos a respeito, se já chegou até este ponto do livro. Mas o que você talvez não saiba é que as cinzas não saem da máquina crematória parecendo um saco de açúcar de confeiteiro. Durante o calor intenso da cremação, todas as partes moles, carnudas e orgânicas do papai pegam fogo e saem pela chaminé, como um Papai Noel ao contrário. O que a pessoa que opera o crematório tira da máquina são os ossos inorgânicos do papai. Com isso, estou falando mesmo de pedaços grandes de ossos: fêmures, fragmentos do crânio, costelas.

Dependendo do país onde você mora, uma de duas coisas acontece com os ossos depois da cremação. A primeira coisa que pode acontecer é nada. Os pedaços de ossos são dados diretamente para a família numa urna grande. Um dos meus rituais favoritos de morte, o *kotsuage*, do Japão, envolve o manuseio cuidadoso de esqueletos cremados.

O Japão tem a maior taxa de cremações no mundo. Depois que um corpo é cremado lá, os ossos esfriam antes de serem expostos para a família da pessoa falecida. Começando pelos pés e subindo até a cabeça, a família usa palitos brancos compridos para pegar pedaços de ossos nas cinzas e depositar em uma urna. Elas começam dos pés e sobem até a cabeça porque não querem fazer a pessoa morta passar a eternidade de cabeça para baixo.

Às vezes, os ossos maiores, como os das coxas, exigem que duas pessoas peguem o osso ao mesmo tempo. E às vezes a família passa os fragmentos de ossos um para o outro, de palito em palito. Essa é a única ocasião em que o ato de passar algo de uma pessoa para outra usando palitinhos não é considerado grosseria. Se você fizesse isso em público com, digamos, uma costelinha de porco em um restaurante, seria como levar um ritual funerário para a mesa. Uma tremenda gafe.

Em comparação à elegância do *kotsuage*, a segunda coisa que pode acontecer a um corpo depois da cremação parece mais violenta. No mundo ocidental, os pedaços de ossos são pulverizados por uma máquina chamada Cremulador. Os ossos são colocados em um pote de metal, giram com lâminas afiadas e velozes e *voilà*, temos cinzas.

Se você mora em um país que exige tipicamente a moagem de ossos, é possível pedir que sejam devolvidos sem serem moídos? As leis funerárias dos Estados Unidos exigem que o crematório pulverize os ossos até um tamanho "não identificável". Parece haver muito medo de que a família de uma pessoa falecida possa identificar um pedaço do quadril do vovô. Dito isso, conheço alguns crematórios que deram ossos não pulverizados para as famílias por motivos religiosos ou culturais. ("Nada de Cremulador para o papai, valeu.") Não custa perguntar.

Vamos tratar do elefante branco na sala: os acessórios. Estou supondo que acessórios de ossos sejam uma homenagem ao papai, e não uma fantasia sombria de vingança em que você o *destrói* osso a osso. O problema é o seguinte: se você estivesse tentando fazer acessórios dos ossos do seu pai pós-cremação, destruí-los é exatamente o que você acabaria fazendo.

Ao formar o osso, o fosfato de cálcio e o colágeno se unem. O osso resultante é tão forte que os ossos individuais podem ser usados em acessórios (na verdade, algumas pessoas gostam de usar broches de ossos de animais). Mas esses ossos foram limpos por decomposição, pelo sol, por besouros dermestes etc. Não passaram pelo processo de cremação.

Ossos sujeitados aos 926 graus da câmara crematória não resistem tão bem. Esse tipo de calor desintegra completamente não só os tecidos e ossos menores, mas também mina a força e a integridade dos ossos maiores.

Os ossos que sobreviverem ao processo estarão desidratados. Eles perdem volume e suas camadas externas e microestruturas internas ficam com dano permanente. Quanto mais quente fica dentro da câmara crematória (quanto maior o corpo, mais quente pode ficar), maior dano aos ossos.

Os ossos que recolhemos depois da cremação apresentam rachaduras, são frágeis e deformados. Tão frágeis que quem opera o crematório poderia esmagá-los com a mão até virarem pó. Pense em um biscoito bem velho. Enquanto os ossos seriam basicamente reconhecíveis, eles também estariam descascando, lascados nas pontas, e se desmanchariam se você tentasse, digamos, enfiá-los num colar.

Se você realmente tiver a intenção de transformar os restos do seu familiar em um acessório, considere as cinzas como um candidato viável. Há *milhares* de opções de acessórios de restos cremados no mercado. Pequenos frascos, pingentes de vidro — envie para uma loja de reputação e em poucas semanas você pode ter um colar ou anel de restos cremados, ou quase qualquer tipo de acessório. O que você sonhar, pode virar acessório.

Desculpe decepcionar a frente dos acessórios de ossos humanos. Mas pense no quanto você tem sorte de não morar na Alemanha! Eis uma história que minha amiga Nora Menkin, agente funerária, me contou. Uma família pediu ajuda dela quando o pai morreu durante as férias na Alemanha. Recolher as cinzas acabou sendo um processo longo e complicado que envolveu muito uso do Google tradutor (as palavras alemãs para "urna" e "urna eleitoral" aparentemente são bem similares), principalmente porque a Alemanha tem leis bem rigorosas sobre quem pode ou não manusear restos cremados. Basicamente, *só agentes funerários podem.*

Além das famílias serem proibidas de levar os restos cremados do papai para casa, apenas agentes funerários têm autoridade para transferir as cinzas entre urnas *e* são as únicas pessoas que podem levar as cinzas até um cemitério para o enterro. Pode esquecer os acessórios, esqueça seu colar feito do fêmur da vovó.

Obviamente você que está lendo, uma pessoa gentil, não tem frescura com restos cremados (assim como os japoneses). Se os ossos forem muito importantes para você, pesquise as leis locais e não tenha medo de fazer o pedido ao atendimento da funerária ou do crematório. Só não espere conseguir com certeza fazer da costela do papai uma linda fivela de cabelo.

As múmias fediam quando foram embrulhadas?

VERDADES DO ALÉM-TÚMULO
Caitlin Doughty

As primeiras múmias do Egito foram criadas por acidente. No Baixo Egito (onde fica a maioria das pirâmides) não chove muito. Combine essa secura com o sol e a areia e você tem uma receita de mumificação natural. Só por volta de 2.600 a.C., mais de 4.600 anos atrás, foi que os antigos egípcios decidiram mumificar os mortos intencionalmente.

As múmias mais famosas — tipo a do rei Tutancâmon — datam de mais ou menos 3.300 anos atrás. Essa é a múmia carismática que todos conhecemos, um corpo encolhido e ressecado embrulhado com linho, guardado por milhares de anos em um sarcófago dourado numa tumba que mais parece uma fortaleza, com a temida maldição de um faraó que cairá sobre quem ousar perturbar o túmulo.

Estou brincando sobre a maldição, mas, falando sério: não profanem túmulos, crianças.

Quase todo mundo que já viveu na Terra (mais de 100 bilhões de nós) já se decompôs ou queimou em partículas e átomos que ficaram perdidos na história. O que é tão emocionante sobre essas múmias é que, além de ainda existirem, seus corpos estão tão bem preservados que podemos aprender uma quantidade extraordinária de coisas a respeito do modo de vida dos egípcios — desde como morreram até sua aparência e o que comiam. Uma múmia é uma cápsula do tempo de uma cultura antiga.

Pronto, chega de dados sobre múmias. Vamos direto ao ponto: elas estavam fedendo quando foram embrulhadas? A resposta é sim, elas estavam fedendo depois que morreram. Mas quando estavam sendo embrulhadas em centenas de metros de linho, nem tanto. O processo de embalsamamento antigo não era rápido. Não acontecia assim: o rei Tut morre, embrulham ele, botam na tumba e pronto. O processo de mumificação podia levar meses.

O primeiro passo era a remoção dos órgãos internos do corpo. Era aí que as coisas tinham chance de feder. No meu trabalho, já tive que remover órgãos de cadáveres para consertar um corpo depois de uma autópsia. Se a pessoa está morta há uma semana ou mais, com órgãos se decompondo e gases se acumulando, abrir a cavidade estomacal pode ser uma experiência desagradável. Você é recebido por uma parede de fedor doce e podre. Imagino que devia ser igual quando, alguns dias depois da morte, os embalsamadores antigos retiravam o fígado, o estômago e os pulmões e os botavam em receptáculos especiais chamados vasos canópicos (vasos com cabeças humanas e de animais em cima), que seriam enterrados com o corpo depois.

Você já deve ter ouvido falar que um outro órgão importante removido durante a mumificação era o cérebro. E às vezes era. Agentes funerários da época usavam uma ferramenta em forma de gancho que entrava pelo nariz ou por um pequeno buraco na base do crânio. Em 2008, uma tomografia computadorizada da cabeça de uma múmia mulher de 2.400 anos encontrou uma ferramenta de remoção de cérebro ainda presa na parte de trás do crânio. (Espero que o embalsamador tenha recebido uma crítica negativa no Yelp.) Mas outras múmias foram encontradas com o cérebro ainda intacto dentro do crânio. A remoção do cérebro pelo nariz seria um processo difícil e não estava disponível para todos.

No passo seguinte, o corpo eviscerado era desidratado. A futura múmia (agora sem órgãos) era preenchida por dentro e coberta por fora com natrão, uma solução salina que os egípcios recolhiam em leitos de lagos secos. O carbonato de sódio e o bicarbonato de sódio no natrão absorviam a água e desidratavam o corpo ao longo de trinta a setenta dias. Todas as enzimas que trabalham para dissolver nossa carne morta precisam de água, então desidratar o corpo como carne seca impede que essas enzimas façam o trabalho sinistro da decomposição.

Um corpo comum, sem tratamento e intocado, ficaria com um cheiro horrível em um clima quente como o do Egito num período de setenta dias. Depois que o embalsamador removia os órgãos e enchia o corpo de sal, imagino que o cadáver não deveria estar com um cheiro tão bom, mas não devia chegar nem perto do cheiro horrível de um corpo em processo de decomposição natural.

Depois que o natrão era removido, os embalsamadores enchiam as cavidades corporais com serragem, linho e substâncias com odores agradáveis como canela e olíbano. É possível que em alguns momentos o corpo seco tivesse um cheiro... meio bom? Tipo uma vela de Natal. Ou uma múmia bem temperada com especiarias.

Então a múmia ficava pronta para ser embrulhada. Essa parte do processo envolvia a aplicação meticulosa de vários óleos e resinas de plantas coníferas (que também podiam ajudar com o cheiro). O linho era envolvido pelo corpo todo, em volta de cada dedo da mão e do pé individualmente, depois os pés e as mãos inteiras. Lembre que esse embalsamamento envolvia propósitos religiosos. Acreditava-se que a alma tinha partes múltiplas e que essas partes residiam em regiões diferentes do corpo. Se o corpo não pudesse ser preservado, onde a alma encontraria casa? Mas as pessoas cujos cadáveres passavam por esses tratamentos elaborados, que ganhavam orações e tumbas criadas especialmente para elas, eram aquelas que tinham dinheiro para pagar. (Cof, gente rica.)

Então a resposta para a sua pergunta é: quando a múmia estava sendo enrolada, normalmente mais de um mês depois do início do processo, o cadáver já se encontrava sem entranhas, desidratado e preenchido, de maneira que provavelmente o cheiro não era horrível. Sem o incômodo do cheiro, os egípcios seguiam para a fase seguinte: colocar o corpo em um sarcófago por milhares de anos. Agora, você perguntou se a múmia fedia quando foi embrulhada. Mas e quando ela é *desembrulhada* para estudos no século XXI? Uma múmia pode carregar seu fedor por séculos?

A boa notícia é que atualmente as múmias são bem menos desenroladas do que eram antigamente. No século XIX, os europeus eram obcecados pelo Egito. As pessoas na Inglaterra faziam festas para desembrulhar múmias, com ingressos vendidos ao público, para que as pessoas pudessem assistir a múmias antigas sendo desembrulhadas (destruindo a múmia no processo). Tantas tumbas egípcias foram saqueadas que as múmias eram moídas e usadas como uma tinta marrom por artistas ou acrescentadas a remédios: "Tome duas cápsulas de múmia e me ligue de manhã".

Atualmente, cientistas podem descobrir tudo isso e até mais estudando múmias com tecnologia como tomografias computadorizadas, em comparação à observação direta e dissecação. É possível obter informações sem danificar a múmia frágil de 3 mil anos. E o cheiro de uma múmia desembrulhada? Já foi comparado a livros velhos, couro e queijo seco. O que não parece tão ruim. Não culpe nossos amigos antigos pelo fedor; é com os cadáveres frescos de uma semana que você tem que tomar cuidado.

No velório da minha avó, havia um plástico embrulhado nela debaixo da blusa. Por que fariam isso?

VERDADES DO ALÉM-TÚMULO
Caitlin Doughty

Acho que a vovó começou a vazar. Não é culpa da vovó, tenho certeza de que ela era uma pessoa arrumada e asseada quando estava viva. Mas o corpo humano é cheio de fluidos, fluidos que ficam difíceis de controlar depois da morte. A indústria funerária chama de vazamento mesmo.

Quem trabalha em funerária odeia vazamentos. O vazamento é nosso pesadelo. Fazemos o possível e o impossível para impedir uma aparição surpresa dos fluidos. Mas depois que a morte acontece, alguns corpos vazam mais do que outros. Digamos que sua família queria um velório caro. Todo mundo da igreja da vovó e os familiares de três países foram ver o corpo. A vovó está embalsamada, deitada em um caixão com interior de crepe violeta-claro, usando o vestido de seda favorito cor de pêssego. Nessa situação, a ocorrência de um vazamento não é opção.

Então, que tipo de procedimentos a indústria funerária emprega para tentar prevenir um vazamento? Primeiro, é preciso determinar a fonte do fluido. Os lugares mais óbvios por onde a vovó pode vazar são, sem querer ser grosseira aqui, os orifícios pré-existentes. A boca, o nariz, a vagina e o reto. Normalmente, a primeira coisa a vazar são líquidos e outras coisas grudentas que o corpo foi feito para excretar: urina, fezes, saliva, catarro, a agradável lista continua. Se o agente funerário estiver com medo de uma surpresa fecal (a menos divertida de todas as surpresas), fraldas e absorventes serão colocados em volta das regiões inferiores da vovó. A decomposição no estômago da vovó pode produzir uma substância chamada "expurgo", um líquido desagradável com a aparência de grãos de café e que às vezes sai pelo nariz e pela boca. Antes da visita, o diretor funerário pode sugar a boca e as cavidades nasais com um pequeno aspirador (uma máquina de sugar) e botar algodão ou gaze no nariz e na boca para segurar qualquer coisa que tente escapar.

Esses são problemas típicos de vazamento, mas você está perguntando por que a vovó estava embrulhada em plástico por baixo da roupa. Há vários motivos para terem decidido seguir esse caminho. E, não, não foi para mantê-la fresca, como se fosse um legume embrulhado a vácuo num mercado. A vovó morreu depois de permanência prolongada no hospital ou uma longa doença? Se a resposta é sim, quando ela foi levada para a funerária talvez estivesse com ferimentos abertos nos braços e nas pernas, coisas desde incisões cirúrgicas a buracos por onde entrava soro e medicação intravenosa ou mesmo os ferimentos crônicos diários que afligem os idosos, decorrentes de doenças ou pele envelhecida. Cortes ou ferimentos que cicatrizariam facilmente em pele jovem como a sua demoram muito mais para cicatrizar na pele de alguém muito doente ou bem mais velho. E lembre que, depois da morte, um ferimento não forma casca nem cicatriza. Os ferimentos que você apresentar quando morrer permanecerão abertos. Talvez o agente funerário tenha usado géis ou pós para secar os ferimentos e tenha colocado filme plástico de PVC em volta deles para que parassem de vazar.

Também há várias condições médicas que poderiam fazer a vovó vazar. Se ela tivesse diabetes ou estivesse acima do peso, sua circulação, principalmente nas pernas, talvez não fosse das melhores. Uma circulação ruim pode causar bolhas ou problemas de pele. Pior ainda (para o agente funerário) seria se a vovó tivesse um edema. Edema não é uma palavra que ouvimos com frequência, mas causa medo no coração de qualquer pessoa que trabalhe numa funerária. Refere-se a um inchaço anormal no corpo, quando fluido se acumula embaixo da pele. Há muitos motivos para um edema se desenvolver. Talvez a vovó tivesse câncer e estivesse fazendo quimioterapia ou recebendo outras medicações; talvez o fígado ou os rins dela estivessem falhando; talvez ela tivesse uma infecção. Seja lá qual for a causa do edema, o agente funerário teria que tomar muito cuidado ao manusear a pele fina, inchada e úmida. Na verdade, o edema teria causado um aumento de dez por cento no volume de fluidos no corpo dela (estamos falando de litros aqui). É muito fluido extra para segurar.

Às vezes, agentes funerários, preocupados com fluidos que podem vazar pela pele, cobrem o corpo com trajes transparentes de vinil da cabeça aos pés, tipo um macacão de bebê. As funerárias também podem comprar peças individuais: jaqueta de vinil, calça capri de plástico ou botinhas sintéticas se só uma parte do corpo estiver vazando. O agente funerário coloca a roupa da pessoa por cima desse traje de vinil. É interessante ver como fornecedores diferentes anunciam seus macacões de cadáver: "Não racha, não descasca nem deteriora!", "Não fica atrás de nenhum outro no mercado!".

Talvez o que você viu tenha sido uma peça dessas. Mas muitos agentes funerários apelam para o bom e velho plástico filme, aquele que usamos para embrulhar restos de alimentos. Não mexa em time que está ganhando. Algumas das pessoas mais apreensivas (ou cuidadosas) na minha profissão usam plástico de embalagem a vácuo, que pode ser aquecido com um secador de cabelo para grudar, e depois colocam o traje de vinil por cima.

Algo para refletirmos (e algo sobre o que minha equipe e eu pensamos muito) é por que temos tanto medo de que um corpo vaze um pouco. Nós queremos controlar nossos cadáveres, mas assim como não dá para impedir um recém-nascido de chorar, não dá para impedir um cadáver de fazer o que qualquer cadáver faz. Nossa funerária tem uma abordagem mais natural com a preparação do corpo, o que quer dizer que não usamos produtos químicos para preservá-lo, nem pós químicos. Se fôssemos fazer um enterro natural para a família, não teríamos permissão para usar essas coisas mesmo que quiséssemos. O corpo teria que ir para o solo usando apenas roupas de algodão cru.

Portanto, se sua avó tivesse ido para a nossa funerária, nós não a teríamos embrulhado com plástico filme. Mas teria sido necessário conversar francamente sobre o que você veria quando visitasse o corpo — fossem os ferimentos da vovó ou a pele vazando. Tenha em mente que alguns desses recursos de plástico foram adotados por funerárias ao longo dos anos por causa de processos. As famílias abriam processos porque o interior claro do caixão (muito caro) ou o vestido de seda cor de pêssego ficavam sujos ou estragados porque o agente funerário não fez seu trabalho de "proteger" o corpo.

Agentes funerários não são mágicos, e um cadáver nunca vai se comportar cem por cento, por mais plástico que se use. Há diversos tipos de funerárias e diferentes filosofias a respeito do que constitui um "bom" cadáver. Para mim, é um cadáver natural. Mas se a sua família fosse receber todo o pessoal da igreja e todos os parentes no velório, é possível que desejassem manter tudo sob controle e embrulhar a vovó. Isso quem decide é a família.

Rapidinhas sobre a morte!

VERDADES DO ALÉM-TÚMULO
Caitlin Doughty

Ao escolher as perguntas para *Verdades do Além-Túmulo*, passei pelo constrangimento da abundância. Eu tinha centenas de perguntas incríveis dentre as quais escolher. Algumas não passaram simplesmente porque, por mais legais que fossem, não exigiam uma resposta robusta de várias páginas. (A editora insistiu que os capítulos fossem mais longos do que um parágrafo.)

Para dar o devido espaço a essas perguntas, apresento as RAPIDINHAS SOBRE A MORTE.

É ruim para o meio-ambiente se eu for enterrado usado uma fantasia de dragão?

Depende do material do qual a fantasia é feita! Cemitérios "verdes" ou "naturais", na maior parte das vezes, só permitem que os corpos sejam enterrados usando fibras naturais, como algodão sem tingimento. Sabe aquele macacão metálico irado de poliéster no melhor estilo discoteca? Desculpa, não vai rolar. O mesmo vale para as fantasias de dragão de poliéster e de plush que encontrei sendo vendidas online. (Foi uma busca muito divertida!) Mas é possível que, com sua habilidade de costura, você tenha criado uma fantasia de dragão usando materiais naturais. Olha que maravilha você, criatura cadáver de dragão mítico. Se bem que, se você curte tanto uma criatura que cospe fogo, talvez valesse a pena considerar uma cremação.

Mel pode fazer o corpo parar de apodrecer?

Sim! O mel não apodrece e, por isso mesmo, é uma substância perfeita para preservar um corpo por um prazo longo. O nível alto de açúcar no mel impede que as bactérias devorem o corpo, e como a umidade pode estragar o mel, ele contém uma enzima que mistura glicose e o excesso de água e cria o peróxido de hidrogênio, que torna o mel antisséptico. Sai pra lá, formaldeído, tem prodígio novo do embalsamamento no pedaço! As pessoas já preservaram coisas, inclusive corpos, no mel ao longo da história humana, em vários lugares, desde o Egito antigo até o Mianmar dos dias de hoje. Dizem que Alexandre, o Grande foi embalsamado em mel, embora a localização de seu túmulo seja um dos grandes mistérios da arqueologia. Portanto, o mel funciona. Mas, por algum motivo, jogar um corpo em uma tina de mel não se tornou um procedimento tão popular quanto os outros métodos de sepultamento. O lobby do mel deveria cuidar disso.

O que acontece se uma câmara crematória quebrar durante uma cremação?

Não sei e espero nunca ter que descobrir.

Qual é o inseto mais exótico que se alimenta de um corpo em decomposição?

Os besouros dermestes ganham mais atenção, mas os cadáveres também são visitados por outras famílias de besouros, inclusive besouros rola-bosta, besouros-palhaços e besouros de carniça. Ultimamente, comecei a me interessar por besouros-aranhas (Ptinus), que aparecem no final do processo de decomposição, quando o cadáver chegou aos ossos. Em relação à passagem do tempo, os besouros-aranhas podem chegar só anos depois de a morte ter acontecido. A essas alturas, a única coisa que sobrou foi o resto que os insetos anteriores deixaram para trás (cocô, pupas abandonadas, mais cocô). Esse excremento, numa camada fina sobre os ossos, é o que os besouros-aranhas curtem. "Bota aí meu nome na lista da boca livre de cocô de osso", eles dizem. Realmente, há coisas para todos os gostos, pessoal.

Se formos deixados na areia do deserto, o Sol nos faz encolher?

Se um cadáver não for enterrado e ficar deitado na areia do deserto, ele vai secar, ou dessecar, rapidamente. A areia age como dessecante, sugando a umidade, como acontece com a caixa de areia de um gato ou com arroz cru. (Sabe quando mandam deixar o celular mergulhado em arroz cru para secar depois que deixamos o aparelho cair dentro da privada? Nesse cenário, você é o celular.) Qualquer roupa que o cadáver esteja usando também vai puxar a umidade do corpo, acelerando o processo de secagem. Insetos e moscas piram tentando comer a carne e o tecido em putrefação enquanto tudo ainda está úmido porque, depois de um tempo, os tecidos vão ficar tão secos e duros que nem os insetos vão conseguir comer. Chega um ponto que só sobram ossos e a pele frágil, parecendo a textura de pergaminho. Nesse ponto, os restos estão mumificados e devem ter ficado de um alaranjado vibrante ou vermelho (em vez do tom marrom-acinzentado habitual dos cadáveres). Se ficar intocado, uma múmia do deserto assim pode teoricamente durar anos.

Uma especialista responde: Isso é normal numa criança?

VERDADES DO ALÉM-TÚMULO
Caitlin Doughty

Ser especialista em cadáveres não torna uma pessoa especialista em medos e ansiedades psicológicas de uma criança em relação à morte. Antes de publicar este livro, tive medo que a comunidade médica fosse dizer: "Ei, espera aí, por que essa agentezinha funerária está falando com crianças sobre a morte? Ela vai encher as criancinhas de medo!".

Felizmente, não aconteceu. Pelo menos, ainda não. O consenso médico é que conversas honestas e específicas com crianças podem ajudar com os medos relacionados à morte. Pedi à minha amiga dra. Alicia Jorgenson, psiquiatra de crianças e adolescentes de Seattle, para ler o manuscrito só para ter certeza de que eu não estava envenenando as crianças com meu entusiasmo pelas larvas.

Mas, para os pais e guardiões que ainda podem estar se perguntando "Meu Marky mórbido é... normal?!", apresento minha conversa com Alicia.

CD: Você costuma receber no consultório crianças que demonstram medo ou preocupação de morrer?

AJ: Não é muito comum que uma criança me diga abertamente "Eu tenho medo de morrer". É mais provável que a gente converse sobre preocupações e medos relacionados à saúde delas, ou à saúde dos pais, ou germes e contaminações.

Então o medo da morte, principalmente em crianças menores, pode se manifestar como alguma preocupação com a saúde?

Exatamente. A preocupação com a saúde é uma manifestação muito comum de ansiedade com a morte. O interessante é que algumas crianças podem nem expressar verbalmente as preocupações com a saúde. Mas podem aparecer com dores de estômago ou de cabeça como primeiros sintomas de um transtorno de ansiedade. Também já vi crianças desenvolverem medo de dormir, principalmente se já ouviram falar que alguém "faleceu dormindo".

Que outros medos aparentemente mais comuns podem estar conectados com o medo da morte?

As crianças menores não entendem eufemismos para a morte como "fazer a passagem" ou "perder alguém". Usar esse tipo de linguajar pode ser confuso quando elas escutam essas palavras em outros contextos, como quando um irmão ou irmã se "perde" no supermercado. Ou mesmo dizer que uma pessoa "morreu no hospital". Isso pode levar a um medo de que, se elas precisarem ir ao hospital, vai significar que elas vão morrer. De uma perspectiva desenvolvimentista, as crianças mais novas (entre 3 e 5 anos) costumam não entender o conceito abstrato de morte e veem como algo temporário ou reversível, como nos desenhos animados. Crianças um pouco mais velhas também ainda não chegaram à sua melhor argumentação lógica e costumam usar um processo de associação para entender o mundo. A maioria dos especialistas acha que o conceito de morte como algo final e irreversível só é entendido a partir dos 9 anos (considerando a possibilidade de um ano a menos ou a mais). Portanto, é mais útil que os pais e outros adultos tomem cuidado com a escolha de linguagem e usem a palavra "morte" e expliquem de forma concreta o que significa.

Que tipo de linguagem concreta pode ajudar?

Falar com sinceridade, de forma direta, com linguagem simples. Recomendo usar palavras como "morte", "morto" e "morrendo" e explicar com clareza o que querem dizer. Quando uma pessoa morre, o corpo para de funcionar, a pessoa para de se mexer e não sente nada. Uma pessoa morta não pode voltar à vida. Pode ser um conceito complicado para crianças, mas acho que dá para dizer com sinceridade que "apesar de o vovô ter morrido, nossas lembranças com ele moram na nossa cabeça".

Em crianças, uma certa ansiedade com a morte é normal?

Claro! A ansiedade é uma emoção normal que nós todos vivenciamos em situações de estresse ou com o desconhecido. Vai surgir naturalmente nas crianças quando uma morte acontecer. Os pais podem ficar ansiosos pensando em como vão explicar a morte para os filhos. Isso também é normal. É bom se preparar para o que terá que ser dito. Também é importante observar que as crianças vão procurar nos pais o modelo para seus pensamentos e comportamentos em relação à morte.

Há algum momento em que a preocupação com a morte pode passar dos limites para uma criança?

Com certeza. Um transtorno de ansiedade não é uma ansiedade normal. Isso acontece quando as crianças se preocupam demais com alguma coisa e mudam o comportamento para evitar fazer coisas que as deixam ansiosas, o que acaba interferindo com sua capacidade de fazer as coisas (por exemplo, não querer ir à escola ou não querer sair de perto do pai ou da mãe). Por definição, um transtorno de ansiedade envolve um medo irreal que algo ruim aconteça. Por exemplo, podem ser preocupações diárias persistentes de o pai ou a mãe morrer, apesar de ele ou ela não estarem doentes. Às vezes, um transtorno de ansiedade é deflagrado inicialmente quando uma coisa ruim acontece no ambiente da criança (como uma morte). Mas, às vezes, a ansiedade vem do nada. É comum que crianças ansiosas tenham pais ansiosos, então existe uma predisposição genética e também ambiental para a ansiedade. A boa notícia é que temos tratamentos muito bons para transtornos de ansiedade em crianças e adolescentes, que costumam começar com sessões de terapia e às vezes precisam do acréscimo de medicamentos.

Quando era criança, eu tinha medo o tempo todo que minha mãe ou meu pai morresse!

Você pensava demais na morte, Caitlin! Nessa situação, pode ser bom dizer algo do tipo "Ninguém pode prometer que não vai morrer. Mas podemos sempre nos cuidar sendo saudáveis. E, por isso, eu espero que fiquemos juntos por muito tempo".

Em suma: é natural sentir ansiedade ou tristeza quando alguém que você ama fica doente, está morrendo ou morreu.

Para quem é adulto, tem algum problema demonstrar tristeza e dor do luto para uma criança?

Os adultos passam pelo luto do seu jeito. Mas acho que demonstrar tristeza pode ajudar. Às vezes, é confuso para as crianças receberem a mensagem emocional ou não verbal de que "está tudo bem" quando não está. Não tem problema chorar na frente das crianças, e ajuda se você explicar por que está triste. Também não tem problema dizer "não sei".

As crianças sofrem o luto do mesmo jeito que os adultos?

Não exatamente. As crianças podem não conseguir falar sobre a dor do luto da mesma forma que os adultos fariam. Em geral, vejo a dor do luto como uma emoção normal, ainda que complicada, que pode acontecer depois de qualquer tipo de perda. Por exemplo, uma espécie de dor do luto pode acontecer pela primeira vez com a perda de um bichinho de pelúcia favorito ou uma mudança para uma casa nova. A morte de um animal de estimação é uma primeira exposição à mortalidade bem comum. Em geral, quanto mais próxima a criança for da pessoa ou animal que morreu, mais intensa a dor do luto vai ser. Para as crianças, assim como para os adultos, não existe um jeito "certo" e nem "errado" de passar pelo luto.

Que emoções ou comportamentos podemos esperar ver em crianças depois de uma morte?

Prepare-se para observar uma variedade de emoções, inclusive ataques de birra, tristeza e ansiedade. Também é muito normal que crianças pareçam simplesmente continuar a vida de forma normal. Isso pode confundir os pais. Recomendo que pais verifiquem as emoções dos filhos, mas sem projetar suas emoções e sua dor do luto na criança. Costumo dizer para as famílias de luto que manter a rotina pode tranquilizar as crianças. Por exemplo, acordar no mesmo horário, fazer as refeições de sempre, brincar e ir à escola. Os rituais da morte também podem ser bons para as crianças (como para os adultos). Se elas forem participar do funeral, acho que os pais e os adultos precisam preparar a criança para o que vai acontecer, dizendo coisas como "A vovó vai estar diferente de quando estava viva". Mas eu não obrigaria uma criança a ir a um funeral se ela não quiser ir. Contar suas lembranças também pode ser muito bom, e perguntar às crianças o que elas se lembram da pessoa que morreu.

VER
o'AL
.TÚM

ADES
ÉM'
ULO

Agradecimentos

Este livro não existiria sem as centenas de perguntas de pequenos anjos mórbidos. Agradeço às suas mentes curiosas e aos pais compreensivos.

Meu editor, Tom Mayer, costuma publicar material intelectual (tipo literatura afegã e história do jazz), mas, por mim, faria quatro reedições sobre cocô de cadáver. Minha gratidão é óbvia.

Minha agente, Anna Sproul-Latimer, tem três filhos sem defeitos com idade quase suficiente para a tia Caitlin retribuir os anos de dedicação da Anna ensinando a eles os estágios da putrefação.

Agradeço por ter convencido uma equipe inteira de editores profissionais da W. W. Norton a levar a sério perguntas como "O título devia ser *O funeral viking da vovó* ou *O gato comeu meus olhos*?". Obrigada à minha equipe imediata: Erin Lovett, Steve Colca e Nneoma Amadi-obi. E à minha equipe grande: Ingsu Liu e Steve Attardo, Brendan Curry e Steven Pace, Elisabeth Kerr e Nicola DeRobertis-Theye, Lauren Abbate e Becky Homiski, e Allegra Huston.

Eu seria um espectro vagando pelos pântanos da confusão sem os olhos alertas e as habilidades de pesquisa de Louise Hung e Leigh Cowart.

Às pessoas que posso chamar de especialistas e de amigos, como Tanya Marsh, Nora Menkin, Judy Melinek, Jeff Jorgenson, Monica Torres, Marianne Hamel e Amber Carvaly.

À toda a equipe da Order of the Good Death, principalmente Sarah Chavez, por me protegerem do mundo sombrio e cruel.

À Dianné Ruz, por ser um gênio diabólico.

E finalmente, à Ryan Saylor, a mortalha do meu caixão.

CAITLIN DOUGHTY é agente funerária, escritora e mantém um canal no YouTube onde fala com bom humor sobre a morte e as práticas da indústria funerária. É criadora da websérie *Ask a Mortician*, fundadora do grupo The Order of the Good Death (que une profissionais, acadêmicos e artistas para falar sobre a mortalidade) e autora de *Confissões do Crematório* e *Para Toda a Eternidade*. Saiba mais em orderofthegooddeath.com.

*"A morte é uma noite bravia
e uma estrada a desbravar."*
— EMILY DICKINSON —

DARKSIDEBOOKS.COM